Herausgeberin: Julia Müller

Coverbild & Skizze: Julia Müller

ISBN: 9798388103741

www.juliamüller.de

Mit dem Online-Business in die Freiheit

Wie du dir mit der Power von Social Media ein freies, selbstbestimmtes und erfolgreiches Online-Business aufbaust

Julia Müller

INHALT

Für alle Frauen, die einfach ihr Ding machen…

…und alle Mädchen, die sie als Vorbild nehmen.

Für Tilda, Mathilda und Lene.

Disclaimer

Dieses Buch ist ein Erfahrungsbericht von mir und beschreibt meine Sicht der Dinge.

Dabei zeige ich nicht nur meinen Weg, sondern beschreibe auch Dynamiken und Strategien in der Coaching-Bubble, Geschichten meiner Kund*innen und gebe einen Einblick in meine Arbeit und Strategien.

Alle Beispiele, die ich in diesem Buch nenne, sind so passiert, wurden aber aufgrund der Lesbarkeit gekürzt und überspitzt dargestellt. Außerdem habe ich meine Kund*innen zu ihrem eigenen Schutz anonymisiert und ihre Profession geändert, damit sie nicht wiederzuerkennen sind.

Außerdem möchte ich eine Triggerwarnung aussprechen: Ich erzähle in den ersten beiden Kapiteln dieses Buches über mein Burn-out, wie es dazu kam und wie ich mich um meinen mentale Gesundheit gekümmert habe. Solltest du gerade in einer ähnlichen Situation stecken oder es aufwühlend oder retraumatisierend finden, über dieses Thema zu lesen, dann empfehle ich dir, erst ab dem Kapitel „Entscheidungen treffen" einzusteigen.

Wenn du Hilfe brauchst, dann kannst du dich für eine anonyme Beratung (persönlich, am Telefon, im Chat oder per Mail) rund um die Uhr an die Telefonseelsorge wenden. Diese ist kostenlos aus ganz Deutschland zu erreichen.

Tel.: 0800–111 0 111 oder 0800–111 0 222
Web: www.telefonseelsorge.de

Dieses Buch soll nicht nur eine Ansammlung an Texten sein, die du einmal liest und dann vergisst. Deshalb gibt es als kleine Unterstützung zur Umsetzung ein Workbook und eine E-Mail-Sequenz, die Dir dabei hilft, ins Tun zu kommen.

Das Workbook bekommst du, wenn du dich unter

https://www.juliamüller.de/workbook

mit deiner E-Mail-Adresse anmeldest und das Double-Opt-in bestätigst.

Da war sie!

Ich konnte es fast nicht glauben: Am 15.04.2021 hatte ich die Bestätigungs-Mail in meinem Postfach entdeckt – die erste Kundin, die mein Coaching via Instagram entdeckt und automatisiert gebucht hatte. Endlich! Es funktionierte! Ein Gefühl von Glück, Zufriedenheit und Stolz durchflutete mich. Jemand vertraute mir und meinem Angebot und wollte von mir lernen. Unglaublich!

Nach so vielen Jahren durcharbeiten, Nervenzusammenbruch und Burn-out, Arbeiten für Dinge, an die ich nicht wirklich glaubte, saß ich an meinem Schreibtisch und konnte es kaum fassen, dass sich mein ganzer Aufwand endlich gelohnt hatte. Mein eigenes Business war am Start und ich verkaufte! Und schon ganz bald inmitten von Palmen und fremden Kulturen …

Hey, ich bin Julia…

… ich bin Online-Business-Mentorin, Self-Belief Coach und digitale Nomadin – und jetzt auch Autorin. Während ich diese Zeilen schreibe, sitze ich in der Dominikanischen Republik an einem Pool, in den ich gleich wieder hüpfen werde. Ja, ich mache hier Urlaub, aber anders als bei anderen Menschen, ist es für mich gar nicht ungewöhnlich, in einem Airbnb in einem Land mit mehreren Stunden Zeitverschiebung zu Deutschland zu leben und an einem Montagmorgen an einem Pool zu liegen. Na ja, um ehrlich zu sein, habe ich nicht immer einen Pool, aber in Deutschland war ich schon seit sechs Monaten nicht mehr. Ich lebe und arbeite von überall auf der Welt, aktuell in der Karibik. Nächste Woche schon werde ich in Medellín, Kolumbien, sein und zwei Wochen später … Ich hab noch keinen Plan.

Während ich hier in der dominikanischen Republik gerade einen Entspannungsurlaub mache, unterscheiden sich meine sonstigen Reisen sehr von denen normaler Tourist*innen, weil ich unter der Woche arbeite, wie die meisten anderen Menschen auch. Aber nicht in einem Büro in Deutschland, sondern in Co-Working-Spaces, Cafés und Appartements überall auf der Welt. Am Nachmittag entdecke ich dann den neuen Ort, an dem ich gerade bin, mache Ausflüge, gehe ans Meer, wandere oder treffe neue Freunde. Größere Ausflüge finden am Wochenende statt. Alle paar Wochen ziehe ich um und suche mir einen neuen Standort, an dem ich dann wieder für eine Weile arbeite. Das ist für mich die maximale Freiheit und damit lebe ich meinen Traum. Ich bereise die Welt, lerne neue Orte, Menschen und Kulturen kennen und arbeite gleichzeitig an meinem Unternehmen. Vor ein paar Jahren habe ich von diesem Leben noch geträumt und selbst vor zwei Jahren war es noch unglaublich weit weg für mich.

Ich hatte die Idee der Selbstständigkeit schon ewig in meinem Kopf. Jahrelang. In meinem Hinterkopf zwar, aber der gehört ja auch dazu. Wie jedoch ein Weg von meinem Corporate Job, in dem ich gerade befördert worden und erfolgreich war, hin zu einer erfolgreichen Selbstständigkeit, die mir diesen freien, selbstbestimmten Lebensstil erlauben würde, funktionieren könnte? Ich hatte keine Ahnung!

Dieser digitale Nomaden-Lifestyle – leben und arbeiten, da wo ich gerade sein will und alle paar Wochen neu entscheiden, wo mein Standort gerade sein soll, ohne dass ein Chef mir sagt, was gerade ansteht. Stattdessen morgens Dinge erledigen, mittags an den Strand. Ich weiß, dass ich nicht die Einzige bin, die von dieser Freiheit träumt. Vielleicht muss es für dich gar nicht die große Weltreise oder der digitale Nomaden-Lifestyle sein. Jeder und jede definiert Freiheit anders. Aber ein Leben außerhalb des Hamsterrads, weg von langen Tagen am immer gleichen Schreibtisch und den immer gleichen To-dos – das wünschen sich viele. Und wenn du dieses Buch gerade liest, gehörst du vermutlich dazu.

Auf den kommenden Seiten nehme ich dich mit auf meinen Weg raus aus einem richtig guten Konzernjob in Frankfurt City, über eine nebenberufliche Selbstständigkeit, einen Nervenzusammenbruch und ein Burn-out, einen neuen Versuch in der alten Arbeitswelt, die Neugründung, den Business-Aufbau, einige Höhen und Tiefen bis zu diesem Pool, an dem ich gerade liege. Und damit du auf dem Weg auch noch etwas für dich selbst und dein Business lernst, gibt es unterwegs ein paar Übungen, Arbeitsblätter, Denkanstöße und Anleitungen für dich, um deinen Weg zu einem erfolgreichen, freien und selbstbestimmten Business leichter zu machen. Das Workbook zu diesem Buch und weitere Materialien und Unterlagen bekommst du für 0 Euro unter

www.juliamüller.de/workbook.

Eins will ich dir schon vorweg verraten: Mein Weg, der war nicht Geradlinig. Ich habe nicht heute beschlossen, zu kündigen, morgen gegründet und übermorgen Deutschland verlassen. Nope. Mein Weg war ein großes Chaos. Er bestand aus vielen Höhen und Tiefen und aus vielen Entscheidungen, die ich auch mal bereut habe. Aber ich wäre heute nicht hier, wo ich bin, mit dem Business meiner Träume im Leben meiner Träume, wenn ich diese Schritte nicht gegangen wäre. Wichtig ist, dass ich gestartet bin und einfach mal gemacht habe. Deshalb tu mir einen Gefallen: Geh los, starte unperfekt, sei mutig, sei verrückt und lies dieses Buch. Es wird dir den Schubs geben, den du noch brauchst.

Wie alles begann

Um das gleich mal klarzustellen: Ich wurde nicht als digitale Nomadin geboren und auch in meiner Familie war das kein Lifestyle, der als erstrebenswert galt. Ich bin ein Mädchen vom südhessischen Dorf, mein Papa ist Beamter, meine Mama Bäckereifachverkäuferin, unsere Jahresurlaube fanden in Deutschland, Österreich und auf Mallorca statt. Ich hab's geliebt. Das Backpacker-Abenteuer-Gen wurde mir aber nicht in die Wiege gelegt.

Ich habe mein Abitur auf dem Gymnasium, fünf Minuten von meinem Elternhaus entfernt gemacht, bin jeden Tag zum Mittagessen nach Hause gekommen und mein größtes Abenteuer bestand darin, mit neunzehn von zuhause auszuziehen und ins zweieinhalb Stunden entfernte Gießen zu ziehen – weit genug weg, um ausziehen zu müssen, nah genug dran, um jedes Wochenende nach Hause zu fahren. Mutig, mutig.

Aber schon mit der Wahl meines Studiengangs war klar, dass ich nicht vorhabe, mein Leben in Deutschland zu verbringen – zumindest nicht komplett: Angewandte Fremdsprachen und Wirtschaft mit den Fächern Spanisch, Portugiesisch und Betriebswirtschaft. Im Kopf hatte ich einen Job im Tourismus, irgendwas, wofür man viel reisen muss. Davon, dass ich einmal so viel reisen würde wie heute und vor allem dahin, wo ich gerne hin möchte, davon habe ich damals nur geträumt. Mein erster längerer Auslandsaufenthalt waren meine beiden Auslandssemester in Portugal und Spanien. Ein Auslandssemester war vom Studium vorgegeben, ein zweites wollte ich gerne machen, um mein Portugiesisch zu verbessern. So packte ich im Sommer 2018 meine Koffer (und einige Kisten), um fünf Monate in Coimbra in Portugal zu verbringen und dort zu studieren. Mein WG-Zimmer wurde in dieser Zeit untervermietet und da alle meine Studienfreund*innen ebenfalls ins Auslandssemester gingen, war der Abschiedsschmerz meinen Freunden und Gießen gegenüber so mittel. Außerdem war ja klar, dass ich in vier Monaten, zu Weihnachten, wieder zuhause sein würde. Ich würde dann alle meine Freunde und meine Familie wiedersehen und die Feiertage wie immer verbringen. Wie könnte ich bis dahin Heimweh bekommen?

Was mich damals aber schon sehr beschäftigte und was auch heute vor jeder Abreise in Deutschland ein großes Thema für mich ist, ist der Abschied von meinen Großeltern. Diese Angst, bei einem Krankheits- oder gar Todesfall nicht in Deutschland sein zu können, werde ich einfach nicht los. Vor meiner Abreise nach Portugal beschäftigte mich dieses Thema über Wochen. Was, wenn jemand krank wird? Was, wenn jemand stirbt? Was, wenn ich meine Großeltern vor der Abreise zum letzten Mal sehe? Heute muss ich ein bisschen darüber grinsen, denn von Portugal aus hatte ich ganz andere Voraussetzungen als heute, wenn ich auf Ometepe in Nicaragua im Dschungel sitze. Von dort aus ist es weit komplizierter, zum Frankfurter Flughafen zu gelangen, als von Coimbra in Portugal. Eine weitere Sache, die sich bei mir nie verändern wird, ist das minimale Gefühl von Kulturschock, wann immer ich an einem neuen Ort ankomme. Das war damals in Portugal so, dann direkt wieder in Spanien, im nächsten Marokko-Urlaub, bei meiner Ankunft in Bali und seitdem in jedem Land. Auch nachdem ich Mexiko, Guatemala, El Salvador und Nicaragua durchquert, Costa Rica besucht und eine Nacht in Panama verbracht hatte, hat sich das nicht verändert. Es braucht auch gar kein neues Land, manchmal nur eine neue Stadt, um mir erst einmal das Gefühl des Neuen, völlig Unbekannten und ein gewisses Gefühl der Unsicherheit zu geben. Ob das irgendwann mal besser wird? Ich weiß es nicht. Aktuell sieht es nicht danach aus. Ob es mich vom Reisen abhält? Auf keinen Fall.

Warum ich dir das erzähle?

Um dir zu zeigen, dass ich nicht als abenteuerliche Nomadin geboren wurde, auch wenn es manchmal so aussieht. Auch ich habe Sorgen, manchmal Heimweh, vermisse meine Freunde und Familie und brauche an neuen Orten eine Aufwärmphase. Ich glaube, das ist auch ganz normal. Allerdings ist mein

Wunsch größer, die Welt zu sehen, weshalb ich trotz all dieser Dinge unterwegs bin und das Chaos, das mit diesem Leben einhergeht, auf mich nehme.

Was ich gegen das Gefühl der Unsicherheit mache: Ich gehe raus und erkunde die Gegend, spreche mit Menschen, schaue mich nach Gewohntem um und finde heraus, was wirklich neu und unbekannt ist. Meistens sind eh mehr Dinge bekannt als unbekannt, und sobald ich ein erstes schönes Café gefunden und die ersten Sätze mit einem der Locals ausgetauscht habe, bin ich auch schon ruhiger. Nichtsdestotrotz dauert das Ankommen bei mir immer ein paar Tage. Da bin ich wie jede*r deutsche Tourist*in im Sommerurlaub. Mit ein klein bisschen mehr Routine vielleicht.

In meinem Auslandssemester habe ich zum ersten Mal erlebt, wie es wirklich ist in einem anderen Land zu leben, einzukaufen, von Bürokratie abhängig zu sein, mich an andere Tagesrhythmen, eine andere Kultur und vor allem Sprache zu gewöhnen. Obwohl ich im Studium Spanisch und Portugiesisch gelernt habe, fiel es mir am Anfang sehr schwer, mich mit Locals zu verständigen und Freundschaften außerhalb der ERASMUS-Studierenden zu knüpfen. Das macht es sehr schwer, im Leben des jeweiligen Landes anzukommen, machen doch die Gespräche mit den Bewohnern einer Stadt oder einer Insel erst das gewisse Etwas aus. Alleine die Sightseeing-Tipps, die sie einem geben, sind immer Gold wert, ganz davon abgesehen, dass sie immer wissen, wo es das leckerste (und günstigste) Essen gibt, wo man am besten einkauft, wer zuverlässig die Wäsche macht und bei wem gerne mal was verloren geht. Trotz der kleinen Startschwierigkeiten habe ich meine Zeit im Auslandsjahr geliebt und vor allem Portugal total in mein Herz geschlossen.

Trotzdem war mir klar, dass mich mein Weg erst mal zurück nach Deutschland, raus aus dem Abenteuer, zurück zur Gewohnheit führen würde. Erst mal Studium abschließen und in einem guten Job Fuß fassen. Das war der Plan.

Der große Knall oder wie ein Burn-out mein Leben veränderte

Nach dem Studium ging es für mich in eine Event-Agentur und von dort aus zu einem großen Autohersteller, der jedoch mehr meine Social-Media-Kenntnisse als meine Sprachkenntnisse brauchte. Einerseits wünschte ich mir immer noch, zu reisen und die Welt zu entdecken, auf der anderen Seite liebte ich aber auch die Arbeit im Social-Media-Marketing, die mir nur so zuzufliegen schien. Als ich dann zwei Jahre später bei einem großen deutschen Pharmaunternehmen in Frankfurt landete, um dort das Online-Marketing zu betreuen, war mir klar, dass meine internationale Karriere im Tourismus gestorben war. Mein Leben hatte eine andere Abbiegung genommen, ich war in einem sicheren Job, in einem mehr als stabilen Unternehmen angekommen. Das Reisen musste warten. Und mein Traum, irgendwann mal die Welt zu sehen, auch. Jetzt erst mal Karriere. Wie ich darauf kam, dass eine Karriere mich glücklich machen könnte, kann ich dir heute gar nicht mehr sagen.

Mein Job machte mir Spaß: Ich mochte meine Kolleg*innen, ich mochte mein Aufgabenfeld, die Branche war super spannend für mich und ich konnte mich mit meinem zweitliebsten Thema auf der Welt, Online-Marketing, beschäftigen und verdiente damit mein Geld. Es hätte schlimmer sein können. Zumindest redete ich mir das immer ein.

Denn so ganz perfekt war es nicht. Ich arbeitete fast ausschließlich mit Frauen zusammen, die alle Klischees zur Zusammenarbeit unter Frauen erfüllten – statt offen miteinander zu reden, wurden Entscheidungen hinter dem Rücken der anderen getroffen, jede hatte das Gefühl, als Einzige zu arbeiten, und wenn nicht gearbeitet wurde, wurde über die anderen gelästert. Meine nächste Chefin war, nennen wir es mal, unbeliebt, was dazu führte, dass andere Kolleginnen sich lieber mit mir abstimmen wollten als mit ihr und ich so ständig zwischen die Fronten geriet, ohne es zu wollen.

Dazu kam ein Workload, der nicht ohne war (fünfzig Stunden+ pro Woche), schließlich arbeiteten wir zu zweit für über sechs Produkte und mehrere Produktmanager am PR- und Online-Marketing. Ständig fielen mir neue Projekte und Launches in den Schoß, das Telefon klingelte dauerhaft und die Anzahl der Mails stieg jeden Tag.

Zudem hatte meine damalige Vorgesetzte, auch aufgrund ihres Alters, wenig Erfahrung mit Social Media und Online-Marketing, gab das aber besonders im Umgang mit anderen Kolleg*innen ungern zu. Das führte zu den unangenehmsten Situationen, an denen am Ende natürlich immer eine Schuld war, nämlich ich. Es war kräftezehrend. In dieser Zeit fragte ich mich zum ersten Mal, ob das wirklich das Leben sein sollte, das ich bis zur Rente führen möchte. Doch bevor ich diesen Gedanken zu Ende denken konnte, erschien ein Silberstreif am Horizont.

Ende 2017 gab es eine lang ersehnte Veränderung in der Abteilung und wir wurden in zwei Teams aufgeteilt. Somit war ich ab 2018 alleine verantwortlich für das deutsche Online-Marketing für Endverbraucher – krasser Scheiß! Von dieser Stelle hatte ich schon seeehr lange geträumt ...

Stolz auf meine Beförderung und auch etwas nervös wegen der neuen Herausforderung stürzte ich mich in die neuen und alten Projekte. Endlich, endlich, endlich hatte ich die Stelle und die Verantwortung, die ich wollte. Endlich konnte ich Entscheidungen mit Kolleg*innen treffen, ohne mich wieder rückversichern zu müssen, endlich trug ich selbst die Verantwortung, die ich mir schon so lange wünschte, und endlich konnte ich zeigen, was ich wirklich konnte ohne dass jemand anderes sich mit meinen Federn schmückte oder mir die Verantwortung für die eigenen Fehler zuschob. Ich war meine eigene Chefin im Unternehmen – so fühlte es sich zumindest für eine Weile an.

Schnell bekam ich ein neues großes Projekt mit großer Budgetverantwortung. Reisen und Events in ganz Deutschland waren plötzlich normal für mich und ich arbeitete direkt mit anderen Abteilungsleiter*innen zusammen, die alle älter und erfahrener waren. Ich war endlich da, wo ich sein wollte. So hatte ich mir meine Karriere immer vorgestellt. Das war es, was ich mir so lange gewünscht hatte.

Bis die Realität mich in großen Schritten einholte: Plötzlich musste ich zu allen Meetings, die vorher meine Chefin besucht hatte – denn die Chefin, die war ja jetzt ich. Die Entscheidungen, die ich traf, musste ich dort verteidigen und diskutieren. Alle Produktmanager*innen und Abteilungsleiter*innen, mit denen ich zusammenarbeitete, hatte seine/ihre eigene Agenda, ihre eigenen Prioriäten, und es war ganz alleine an mir, Deadlines für meine Projekte zu setzen und zu halten. Dazu wurde mein Terminkalender jeden Tag voller und die Zeiten, in denen ich Dinge abarbeiten konnte, immer weniger. Die Reisen, auf die ich mich anfangs so gefreut hatte, waren zwar toll und aufregend, führten aber auch dazu, dass ich noch weniger Zeit hatte, um die Dinge zu erledigen, die ich zugesagt hatte.

Was also tun, wenn die Arbeitstage zu kurz und die To-dos zu viel werden? Meine Lösung: mehr Arbeitszeit schaffen. Zuerst arbeitete ich abends länger. Wo ich früher um 16:45 Uhr Schluss gemacht hatte, um noch vor dem Feierabendverkehr auf der Autobahn zu sein, arbeitete ich bis 18:30 Uhr im Büro und erklärte das damit, dass ich den Stau so ganz vermeiden würde. Dann ließ ich immer öfter den Sport am Morgen ausfallen und saß lieber sechzig Minuten früher am Schreibtisch. Das führte dazu, dass sich meine Arbeitszeit von 6:30 Uhr bis 18:30 Uhr erweiterte. Natürlich war die Mittagspause in der Zwischenzeit, dank der ganzen Termine und Meetings, eher ein Goodie an guten Tagen als ein fester Termin in meinem Kalender und ich aß immer öfter am Schreibtisch. Ich ernährte mich mehr und mehr von Schokolade, Chips und was ich sonst noch so im Verkaufsautomaten finden konnte.

In besonders kurzen Wochen, in denen ich Events oder Shootings besuchte, nahm ich den Laptop dann auch mal mit nach Hause. Anfangs nur ab und zu. Habe ich schon erwähnt, dass ich jeden Tag pendelte? Ich stand jeden Morgen um 04:45 Uhr auf, fuhr fünfundvierzig Minuten nach Frankfurt und abends brauchte ich meist eineinviertel Stunden zurück. An normalen Arbeitstagen war ich also oft erst gegen 19:45-20 Uhr zuhause, musste dann noch etwas essen und saß dann regelmäßig noch mal mit Laptop vor dem Fernseher.

Laptop vor dem Fernseher wurde irgendwann immer mehr zu meinem Wochenendprogramm, weil ich nur so das Gefühl hatte, den Aufgaben der nächsten Woche Herr zu werden. Leider ging die Strategie nicht auf. Obwohl ich jedes Wochenende vorarbeitete, bis spät nachts am Computer saß und am nächsten Morgen Stunden vor allen anderen startete, wurde die Arbeit nicht weniger. Im Gegenteil: Es wurde ständig mehr. Ständig kamen neue To-do's dazu, ständig kürzere Deadlines. Dann hier noch eine Abstimmung und bitte da nochmal kurz sprechen. Gab es dafür schon einen Call mit der Agentur? Nein?! Dann bitte einrichten. Mein großes markenübergreifendes Projekt wurde sehr schnell auch in anderen Ländern und Märkten bekannt, weshalb ich es auch vor anderen Marketing-Teams und unserem CEO pitchte. Erste Anfragen für Blueprints und Vorlagen für andere Länder wurden laut. Noch mehr Erfolg, noch mehr Arbeit. Kein Problem. Hätte mein Lifestyle nicht langsam angefangen, seine Spuren zu hinterlassen.

Es begann damit, dass ich nachts plötzlich stundenlang wach lag. Total untypisch für mich, schließlich kann ich immer und überall schlafen. Aber jede*r schläft ja mal schlecht, oder? Im Sommer 2018 blieb dann plötzlich meine Periode aus. Komisch, das hatte ich noch nie erlebt. Eigentlich kann man nämlich den Wecker nach meinem Zyklus stellen. Aber alle Frauen um mich herum hatten das immer mal wieder. Dann konnte das ja nicht so ungewöhnlich sein, dachte ich. Trotzdem war das der Zeitpunkt, an dem ich nachdenklich wurde. Kommt das vielleicht doch vom Stress? Ist das wirklich das Leben, das ich mir vorstelle? Möchte ich wirklich so viel arbeiten und hat die ganze Arbeit irgendwann mal ein Ende? Wann habe ich dieses Jahr endlich mal Zeit für einen Urlaub und wie kommt es, dass ich jeden Monat mehr neue Ausgleichstage (die gab es nur für offizielle Wochenendarbeit) ansammle und keinen einzigen Tag abgebaut bekomme? Ist dies das Leben, an das ich mich später mal erinnern will?

Zu dem Zeitpunkt fing ich damit an, mich ernsthaft mit den Themen Selbstständigkeit und digitalem Nomadentum auseinanderzusetzen. Ich lernte über eine Freundin digitale Nomaden kennen und war sofort hin und weg von deren Lebensstil. Wie cool ist es denn bitte, von überall auf der Welt aus arbeiten zu können? Morgens im Café am Laptop sitzen, mittags eine kleine Abkühlung im Pool und nach dem Feierabend eine Surfsession an den schönsten Spots der Welt. Konnte das Leben schöner sein? Ich buchte mein allererstes Coaching bei einer Digitalen Nomadin und stellte alle meine Fragen, die ich zu dem Zeitpunkt hatte. Meine größten Fragezeichen zu der Zeit: Habe ich Fähigkeiten, aus denen ich eine Selbstständigkeit machen kann? Und wie wird man überhaupt digitale Nomadin? Da es für mich in meinem neuen Job, kurz nach der Beförderung mit endlich höherem Gehalt undenkbar war, direkt zu kündigen, ging ich den einzigen Schritt, der für mich denkbar und sicher war: Ich startete nebenberuflich als Instagram Coach für Kleinunternehmerinnen. Wenn ich also zwischen den sechzig bis siebzig Stunden Arbeit pro Woche für

meinen Hauptjob noch Zeit fand, dann arbeitete ich wie eine Wilde an Job Nummer zwei. Ich erstellte innerhalb von zwei Monaten ein Instagram-Profil mit über eintausend Follower*innen, einen Online-Kurs und startete eine Beta-Runde mit den ersten Teilnehmer*innen.
Zu der Zeit arbeitete ich nur noch. Einerseits, weil ich mich in meinem Hauptjob in einen Kreislauf begeben hatte, der diese Geschwindigkeit von mir verlangte, und andererseits, weil ich mit meinem eigenen Business so schnell wie möglich unabhängig werden wollte. Ich wollte möglichst schnell, möglichst viel Geld verdienen, um meinen Corporate Job zu kündigen.

Mittlerweile war es Herbst 2018 und mein Erinnerungsvermögen fing an, mir immer mal wieder Streiche zu spielen. Ich suchte ganz oft nach Dingen und Unterlagen, die schon längst aufgeräumt oder abgelegt waren. Ich hatte To-do's auf der Liste, die längst von mir erledigt worden waren, aber von denen ich einfach schon wieder vergessen hatte, dass ich sie jemals angefangen hatte. Excel-Tabellen füllten sich wie durch Zauberhand (ebenfalls durch mich) und Verträge wurden geprüft und zur Unterschrift vorgelegt, nur um dann erneut von mir gedruckt und zur Vorlage vorbereitet zu werden. Glaub mir, das war nicht lustig. Ich war immer top organisiert, war es gewohnt, mehrere Projekte zu jonglieren, mehrfach am Tag Brände zu löschen – und plötzlich waren komplette Prozessabläufe aus meinem Hirn gelöscht. Ich machte Fehler, vergaß

To-dos und hatte das Gefühl, den ganzen Aufgaben nicht mehr gewachsen zu sein.

An dem Punkt fragte ich mich zum ersten Mal, ob diese komischen Symptome vielleicht mit dem Stress zusammenhängen könnten, aber natürlich, ohne irgendwelche Konsequenzen daraus zu ziehen.

Im November 2018 kam dann der große Knall. Das ist wirklich die beste Beschreibung, die ich dafür finden kann. In einem Moment war noch alles okay. So fühlte es sich zumindest für mich an. Im nächsten Moment fühlte ich mich nicht mehr in der Lage, zur Arbeit zu gehen. Alles in mir sträubte sich. Das war keine normale Unlust, kein: Ohhh, morgen würde ich lieber im Bett bleiben. Das war ein: Wenn ich an morgen denke, fange ich an, zu würgen und zu weinen und mein Körper verkrampft sich komplett.

Rate, wer am nächsten Tag trotzdem ins Büro gefahren ist? Ich!

Und was habe ich gemacht? Meine Chefin um einen Termin gebeten und die einzige Reißleine gezogen, die ich zu dem Zeitpunkt noch gesehen habe:

„Ich kündige!“ Sie schaute mich mit großen Augen an und ich

konnte den Schreck in ihrem Gesicht sehen. „Du machst was? “ Sie war total überfordert. „Wenn es um die Sache mit Carina letzte Woche geht… Ich habe schon mit ihr…“ – „Nein, darum geht es nicht“, unterbrach ich sie. „Ich habe einfach das Gefühl, dass ich es keine Sekunde länger in diesem Büro aushalten kann. Ich sitze hier und alles, was mein Körper tun möchte, ist rennen. Ich habe das Gefühl, ich kann hier nicht atmen, ich möchte hier raus.“

Ich konnte ihr ansehen, wie geschockt sie war. Sie tat mir fast ein bisschen leid. Aber für mich gab es keine andere Lösung. Auch nicht, als sie das Einzige tat, von dem sie dachte, dass es helfen könnte: Sie bot mir Dinge an, die mich dazu bringen könnten, zu bleiben: „Würde es dir helfen, einen weiteren Homeoffice-Tag zu haben? Wir könnten auch noch mal über dein Gehalt sprechen und definitiv solltest du mal all die Urlaubstage nehmen, die noch ausstehen.“ – „Ich möchte nicht mehr Gehalt. Ich möchte auch nicht mehr Homeoffice-Tage. Ich will hier einfach nur raus. Ich kann es hier keinen einzigen weiteren Tag, keine Sekunde mehr aushalten.“ Ich konnte es damals nicht besser beschreiben.

Heute weiß ich, dass es ein Fluchtinstinkt meiner Psyche war. Heute kann ich sehen, dass es kurz vor zwölf oder eigentlich schon Punkt war, aber es sagt uns ja niemand, wie man sich während eines Burn-outs, kurz vor einem Nervenzusammenbruch fühlt. Und ganz ehrlich: Wenn es mir jemand gesagt hätte, hätte ich nie gedacht, dass es mir passieren könnte. Dass ich irgendwann mal wegen zu viel Arbeit zusammenbrechen könnte. No way!

Long story short: Sie wollte mich auf keinen Fall gehen lassen und sie wollte auch meine Kündigung nicht annehmen. Sie wollte, dass ich am nächsten Tag wiederkomme, um das Ganze mit meinem nächsthöheren Chef zu besprechen.

Natürlich blieb ich an diesem Tag noch im Büro und natürlich kam ich auch am nächsten Tag wieder, um mit dem nächsthöheren Chef zu sprechen. Und meiner Chefin. Und einem weiteren Kollegen. Rückblickend muss ich sagen, dass es nicht sonderlich klug eingefädelt war von meinem Führungskreis, aber damals hätte ich alles gemacht, nur um endlich aus diesem Büro herauszukommen.

Mir ist heute klar, dass ich einfach zum Arzt hätte gehen können, um mich krankschreiben zu lassen. Dass es sinnvoll gewesen wäre, erstmal Luft zu holen und mich dann zu entscheiden. Keine Frage.

Aber später ist man immer schlauer. Zu dem Zeitpunkt kannte ich niemanden, dem es jemals so gegangen war und ich kannte niemanden, der/die mir gesagt hätte, was man in so einem Fall am besten macht. In dem Moment gab es für mich nur einen einzigen Ausweg: Kündigung.

„Was hab ich da gehört?", fragte mein Chef, als ich am nächsten Tag in sein Büro kam. „Ich weiß nicht, was Sie gehört haben, aber ich möchte kündigen", antwortete ich. Ein kurzes Schweigen und dann die Antwort: „Hier kündigt niemand, und erst recht nicht Sie." Ich weiß, dass er das nett meinte. Ich weiß, dass er mir sagen wollte: „Ich möchte Sie behalten. Sie sind wichtig für mein Team." Aber das hörte ich nicht.

Was bei mir ankam, war: „Jetzt ist mein letzter Ausweg versperrt." Und das brachte für mich alles zum Einstürzen. Ich fing an, zu weinen, und hörte fünf Tage nicht mehr auf. Herzlich Willkommen zu meinem Nervenzusammenbruch.

Das war wirklich keiner meiner Glanzmomente. Im einen Moment war ich noch die Vorzeigemitarbeiterin und im nächsten saß ich mit zwei Vorgesetzten und einem Kollegen im Büro meines Chefs und weinte. Unkontrolliert. Nicht hysterisch oder so, aber ich konnte auch beim besten Willen nicht aufhören. Alles, was ich sagen konnte war: „Ich kann hier nicht bleiben. Ich möchte rennen, und zwar so schnell ich kann, so weit ich kann. Es gibt nichts, was Sie mir anbieten können, damit ich bleibe."

In dem Moment wurde meinem Chef klar, was mit mir los war. Immerhin mal einer, denn ich hatte nach wie vor keine Ahnung. „Wenn Sie nach Hause möchten, dann sollten Sie jetzt genau dahin gehen und sich erst mal ausruhen. Lassen Sie sich krankschreiben und lassen Sie mich in einer Woche oder zwei wissen, wie es Ihnen geht. Dann sprechen wir noch mal." Das klang gut für mich, wenn auch unnötig, denn ich war sicher, dass sich meine Entscheidung nicht ändern würde (SPOILERALERT: Hat sie auch nicht.). Aber endlich hatte ich einen Weg raus aus diesem Büro.

Ich fuhr also nach Hause, rief von unterwegs meine Mutter an, die einen Termin bei meinem Hausarzt vereinbarte, und legte mich bei meinen Eltern aufs Sofa. Während der ganzen Zeit liefen die Tränen. Beim Fahren, bei der Ankunft, beim Essen, alleine auf der Couch. Manchmal nicht ganz so schnell, aber spätestens, wenn mich jemand ansprach oder nur ansah, liefen die Tränen wieder los. Es gab dafür keinen Grund, zumindest konnte ich keinen nennen. Ich fühlte mich nicht traurig, ich war nicht wütend, es war sogar eher ein Gefühl von Leere in mir, aber ich hatte auch keine Kontrolle über das, was da passierte. Die Tränen liefen einfach.

Am nächsten Tag dann der Arztbesuch. Die Tränen stoppten ganz kurz im Auto, aber sobald mich die Arzthelferin am Empfang begrüßte, liefen die Tränen wieder. Das Gleiche im

Arztzimmer. Auf die Frage „Hallo Frau Müller, was kann ich für Sie tun?“ antwortete ich: „Ich weiß, es klingt komisch, aber seit gestern kann ich nicht aufhören, zu weinen.“ Natürlich weinte ich auch dabei. Es ist ganz ungewohnt, das jetzt aufzuschreiben. Nicht, weil es mir peinlich wäre oder ich nicht möchte, dass jemand mich damit verbindet, sondern, weil diese Julia mir so unglaublich fremd war. Ich erkannte mich selbst nicht wieder und ich weiß heute noch nicht, wie ich das Gefühl beschreiben soll, das dich beherrscht, wenn du mitten in einem Nervenzusammenbruch steckt. Gefühl Nummer eins ist wahrscheinlich, dass du gar nicht viel fühlst. Es ist einfach extrem viel Nichts in dir. Alles ist dumpf, alles grau, die Welt ein kleines bisschen unscharf. Zu dem Nichts kommt dann eine Stimme, die die ganze Zeit fragt: „Was soll das eigentlich? Warum stellst du dich so an? Reiß dich mal zusammen! Du hast jetzt genug geheult, jetzt ist wirklich mal Schluss! Musst du immer so überdramatisch sein?!“ Diese Stimme ist gar nicht dumpf und gar nicht grau, sondern ziemlich laut und ziemlich fordernd.

Ganz leise, ganz tief hinten im Kopf gab es noch ein drittes Gefühl: Das Gefühl der Überforderung. Denn neben der ganzen Selbstverurteilung gibt es einen kleinen Funken, der ahnt, dass irgendwas so gar nicht stimmt. Dass dieses Geheule, wie es die andere Stimme so schön nennt, nicht überdramatisch, sondern etwas ganz anderes ist. Dass es einen Grund dafür gibt, warum mein Körper gerade nicht mehr auf mich hört. Hatte ich nicht schon mal irgendwo davon gehört, dass Menschen nicht mehr aufhören konnten, zu weinen? War das nicht ein ernstes Thema? Aber was es genau bedeutete – ich hatte keine Idee. Zum Glück saß ich gerade in einem Arztzimmer.

Mein Arzt hatte einige Fragen:
„Wann fing das Weinen an?“
„Gestern.“
„Können Sie mir beschreiben, wie es sich äußert?“
„Mir laufen unkontrolliert die Tränen, vor allem, wenn mich jemand ansieht oder anspricht.“
„Wie sieht Ihre berufliche Situation zur Zeit aus?“
„Ich bin angestellt und arbeite in einem Konzern in Frankfurt im Online-Marketing.“
„Gab es da in letzter Zeit Veränderungen?“
„Die Abteilung wurde Anfang des Jahres umstrukturiert und ich trage seither viel mehr Verantwortung.“
„Wie viele Stunden in der Woche arbeiten Sie?“
„Täglich von sieben bis neunzehn Uhr und manchmal noch am Wochenende.“
„Kommen sechzig Stunden in der Woche hin?“
„Ich glaube ja.“
„Als wie hoch würden Sie Ihr Stresslevel beschreiben?“
„Ein bisschen höher als sonst.“

Selbst da war mir nicht klar, dass der Grund für das ganze Drama (so habe ich selbst es genannt) mein extrem hohes Stresslevel und die Arbeit in den vergangenen Monaten waren. Ich konnte es einfach nicht sehen. Ich saß beim Arzt, hatte in der Zwischenzeit schon vierundzwanzig Stunden geweint und konnte selbst nicht erkennen, dass diese Reaktion meines Körpers von dem übermäßigen Stress kam, den ich mir selbst und meinem Körper zugemutet hatte. Verrückt! Wirklich verrückt!

Mein Arzt schrieb mich zwei Wochen krank mit der Vorgabe, vor Ablauf der Krankenzeit nochmal wiederzukommen, egal, wie es mir gehe. Was ich zu diesem Zeitpunkt noch nicht wusste: Diese vierzehntägigen Arztbesuche würden mir für das nächste Jahr erhalten bleiben und das Büro, aus dem ich einen Tag vorher geflüchtet war, würde ich nicht mehr wiedersehen. Nie mehr.

Ich würde noch vier weitere Tage weinen, dann denken, dass alles überstanden wäre. Ich würde die Heulerei meiner Überdramatik zuschreiben, mich über die weiteren zwei Wochen Auszeit freuen und mir Projekte für diese Zeit vornehmen. Ich würde planen, mein Büro aus- und aufzuräumen und meine Unterlagen zu sortieren. Ich würde mir vornehmen, viel spazieren zu gehen, mich endlich mal wieder mit Freundinnen zu treffen und die ganze Zeit über auszuschlafen.

Davon passiert ist nicht viel. Schnell merkte ich, dass ich weder in der Lage war, ein Regal auszuräumen, noch alle Vorkehrungen zu treffen (mich anziehen, Zähne putzen, Schlüssel und Handy nehmen und losgehen), um spazieren zu gehen. Ich konnte nicht einkaufen gehen und auch nicht für mich kochen, geschweige denn mich selbst versorgen. Ich konnte keinem Buch oder längeren Text folgen, das Gepiepse meines Handys überforderte mich und Fernsehen war mir viel zu aufregend. Es blieb nicht viel übrig, womit ich meinen Tag verbringen konnte.

Nachdem das Weinen aufgehört hatte, fingen die richtigen Probleme an – und alles, was ich dagegen tun konnte, war, auf der Couch zu liegen und an die Decke zu starren. Diese Woche, so verstörend sie für mich auch gewesen war, war für mich der Anfang eines ganz neuen Lebens. Eines Lebens, in dem erst mal gar nichts mehr ging und dann plötzlich alles möglich war. Klingt superkitschig, I know.

Aber ganz genau so war's. Auf diesen Nervenzusammenbruch folgte eine richtig blöde Zeit, dann Therapie und eine psychosomatische Reha. Ich lernte meinen Körper wieder wahrzunehmen, zu verstehen, was in den vergangenen Jahren (!!!) schief gelaufen war, und entdeckte, was ich mir eigentlich im Leben wünschte. Ich sortierte meinen Freundeskreis danach aus, wer mir wirklich gut tat und wer nicht, begann neue Hobbys und fing an, mir zu überlegen, was ich eigentlich vom Leben wollte. Und zwischen all diesen Dingen kündigte ich den Job in dem Unternehmen, in dem ich krank geworden war. Das Unternehmern gibt es übrigens immer noch. Es lief auch ohne mich weiter.

Ich werde nie zu den Menschen gehören, die sagen, dass ihr Burn-out das Beste war, was ihnen je passiert ist. Dazu war der Kontrollverlust, den ich erlebt habe, zu traumatisch. Dafür habe ich in der Zeit zu sehr gelitten, mich zu sehr fremd gefühlt, dafür war die ganze Situation zu traumatisierend. Ich kann dir aber sagen, dass ich ohne dieses Burn-out nie da wäre, wo ich jetzt bin. Das Burn-out war mein Wendepunkt. Die Stelle in meiner Geschichte, als alles anders wurde. Der Punkt, an dem die Karriere plötzlich nicht mehr wichtig war. An dem es egal war, was alle anderen dachten und von mir wollten. Der Moment, an dem ich mich zum ersten Mal wirklich nur um mich kümmern musste und durfte. Der Moment, der mir die Möglichkeit gab, herauszufinden, wie ich mein Leben leben möchte.

Warum ich das hier aufschreibe und was das mit deinem Business zu tun hat? Ich möchte dich davor warnen, zu viel zu arbeiten und Dinge zu tun, nur weil andere sie von dir erwarten. Das ist nicht heldenhaft. Es macht dich im schlimmsten Fall krank. Glaub mir, ein Burn-out ist alles, aber kein Ritterschlag. Es ist dunkel und traurig und einsam und anstrengend und am Ende ist nichts mehr, wie es einmal war. Ändere etwas, bevor es dir so geht wie mir. Egal in welcher Lebensphase du bist, ob angestellt oder selbstständig. Außerdem möchte ich, dass du darüber nachdenkst, wie dein Leben aussehen soll. Möchtest du in einem Job bleiben, der dich unglücklich macht? Wofür? Meinst du, nach meiner Kündigung hätte noch ein Hahn nach mir gekräht? Meinst du, irgendwer hätte mir eine Grußkarte geschickt: Danke, dass du deine mentale Gesundheit für uns geopfert hast! Nope.

Der/die Einzige, der/die sich darum kümmern muss, dass es dir gut geht, das bist du. Ich sage nicht, dass die Selbstständigkeit die Lösung für all deine Probleme ist, denn das ist sie auf keinen Fall.
Aber wenn du unglücklich mit deiner aktuellen Situation bist, dann setz dich auf deinen Hosenboden, überleg dir, wie dein Leben aussehen soll (dieses Buch hilft dir dabei) und fang an, darauf hinzuarbeiten.

Ich weiß, meine Geschichte klingt dramatisch. Aber nicht jeder Start in ein freies, selbstbestimmtes Leben und Business muss so dramatisch sein. So viele Gründerinnen es gibt, so viele Geschichten über Wendepunkte gibt es. Und auch wenn du gerade denkst: Bei mir ist es doch gar nicht so schlimm. So schlecht wie Julia geht es mir doch nicht. Lass mich dir sagen:

Du brauchst kein Burn-out und keinen Nervenzusammenbruch, um dein Leben zu ändern. Du brauchst gar nichts. Keine Erlaubnis von niemandem. Und wenn doch, dann gebe ich sie dir hiermit. Du brauchst auch kein Zeichen. Und wenn doch, dann ist das dein Zeichen. Alles, was du brauchst, ist der Wunsch, etwas zu verändern und den Mut, loszulegen. Just do it.

Entscheidungen treffen

„Ich würde mich ja gerne selbstständig machen, aber was, wenn es nicht klappt?“ Endlich hatte ich die Frage ausgesprochen, die mich seit Wochen beschäftigte. Ich hatte keine Lust mehr darauf, angestellt zu sein. Ich wollte raus aus dem Konzern. Raus aus dem Nine-to-five-Job. Weg von Kolleg*innen, die nur Konkurrenz kannten und ständig damit beschäftigt waren, sich gegenseitig zu kritisieren. Das war nicht mein ideales Arbeitsumfeld und das würde es auch nie werden. Und das lag auch nicht nur an diesem einen Arbeitsplatz, sondern an dem Konstrukt des Angestelltseins an sich.

Ich war nie gut darin, mir Anweisungen geben zu lassen, hinter denen ich nicht stand. Den Kopf auf Durchzug stellen und einfach machen, was mir gesagt wird? Schwierig! Es wurde nicht besser, als diese Anweisungen von Menschen kamen, die noch nie in ihrem Leben eine Social-Media-App runtergeladen hatten, mir Vorschläge für Hashtags machten und nachfragten, warum ihr letzter Themenvorschlag noch nicht viral gegangen sei. Mir ist schon klar, dass es mein Vorteil ist, dass sich nicht jede*r mit Social Media auskennt.

Das ist heute immer noch so. Der Unterschied zu heute ist aber, dass die Frauen, mit denen ich arbeite, zugeben können, dass sie keine Expertinnen bei Instagram sind. Das fällt den meisten alten weißen Männern in Führungspositionen eher schwer. Es war also klar: Eine neue Festanstellung kam für mich nicht in Frage. Ich wollte mein eigener Boss sein. Mit Frauen arbeiten, die die gleichen Träume haben wie ich: frei sein, selbstbestimmt sein, erfolgreich sein – und das mit der eigenen Leidenschaft, dem eigenen Herzensthema.

„Was soll denn nicht klappen?", fragte Claudia nach. Natürlich sprach ich mit ihr darüber, meiner besten Freundin nach der Schulzeit und ihres Zeichens Coachin. „Was, wenn ich keine Kunden gewinne? Was, wenn keiner bei mir bucht? Es gibt so viele andere Business Coaches und die haben alle mehr Erfahrung als ich. Warum sollte jemand zu mir kommen, wenn er/sie bei jemandem buchen kann, der schon viel länger am Start ist und viel mehr Follower*innen hat? Und was, wenn ich am Ende meine Miete nicht zahlen kann und auf der Straße sitze?" Ja, ich wusste ziemlich genau, was so alles schief laufen könnte. Und ich stellte all die Fragen, die Neugründerinnen und Kundinnen meiner Coachings sich heute noch stellen. „Was, wenn es nicht klappt?" – „ Was, wenn ich versage?" Horror! Ach ja, und dann gibt es noch den Gedanken: „Was, wenn ich mich gegen die Selbstständigkeit und ein Leben als digitale Nomadin entscheide und es irgendwann bereue?" Keine Ahnung, wo ich gelernt habe, meine Gedanken als Folterinstrument zu benutzen, aber ich muss sagen: Ich bin richtig gut darin. Darin, eine Entscheidung für mich und mein Leben zu treffen, war ich lange Zeit jedoch eher schlecht. Zu groß schien mir die Entscheidung, zu endgültig. „Und wie bringe ich das eigentlich Freunden und Familie bei? “ Diese Gedankenstrudel sind der ultimative Todesstoß für alle Träume, die je geträumt worden sind.

Für diejenigen, die schon vor Jahren gegründet haben und denen diese Entscheidung leicht gefallen ist, mag das jetzt vielleicht übertrieben klingen. Aber ich weiß von meiner Arbeit mit über hundert Neugründerinnen, dass die ein oder andere Frage jede von uns einmal beschäftigt hat. Wenn es dir also genau so geht, dann sei dir sicher: Du bist nicht allein. Nicht mit diesen Mindfucks, nicht mit deinen Fragen und nicht mit deiner Unsicherheit. Wir sind und waren alle schon mal da.

Was in solchen Situationen hilft? Eine Vision zu haben, wie das eigene Leben aussehen soll, und eine Idee davon, wie man sie umsetzen will. Ja, ich sage Idee. Nicht Plan, nicht Strategie, das kommt erst später. Erst brauchst du eine Idee, dann die Entscheidung, diese Idee zu verfolgen, und alles andere kommt danach.

Außerdem muss es nicht immer schwarz oder weiß sein. Ich dachte eine sehr lange Zeit, dass sich selbstständig machen bedeutet, dass ich sofort alles stehen und liegen lassen muss, um mich dann ins Ungewisse zu stürzen. Das muss nicht so sein.

Du kannst nebenberuflich starten, du kannst Stunden reduzieren, du kannst erst mal ein Jahr sparen, um ein Sicherheitsnetz zu haben und Zeit in die Planung zu investieren. Eine Selbstständigkeit muss kein Sprung ins Ungewisse sein. Du entscheidest, wie du startest.

Wie stellst du dir dein Leben vor?

Hätte mich vor fünf Jahren jemand gefragt, wie ich mir mein Leben vorstelle, hätte ich gesagt: Karriere in einem Konzern als Head of Online Marketing, ein eigenes Haus oder Apartement, Mann, Kind, zwei Homeoffice-Tage in der Woche und im Urlaub wird viel gereist. So sah mein Traum aus. So wollte ich leben. Heute weiß ich gar nicht mehr, ob das wirklich ich war. Hatte ich mir diese Zukunft herbeigeträumt oder war da vielleicht noch jemand anderes beteiligt, an diesem Bild von meinem Leben?

Seien wir doch mal ganz ehrlich: In den wenigsten Fällen entscheiden wir wirklich, wie unser Leben aussehen soll.

Klar, wir überlegen nach der Schule, welche Ausbildung oder welches Studium wir angehen wollen. Dann entscheiden wir uns für den ersten Job, den wir annehmen, und damit ist unser Weg ganz oft schon vorgegeben. Klar, gibt es Weiterbildungen. Klar, wechselt man heute auch mal den Job und spezialisiert sich noch mal auf etwas anderes. Manche studieren auch mit über dreißig noch mal und fangen in einer ganz anderen Branche einen ganz anderen Job an, aber ganz ehrlich: Meistens sind wir schon sehr festgelegt, wenn wir erst mal über unsere Zwanziger hinaus sind. Wenn dann noch Partner und Kinder ins Spiel kommen, kann das Leben schon mal ganz gewaltig an Flexibilität verlieren. In allen Bereichen. Das ist auch gut so. Wenn das das Leben ist, das du dir für dich wünschst. Wenn du jeden Tag aufstehst und glücklich bist, dann mach genauso weiter. Aber wenn da eine Stimme ist, und sei sie noch so klein, die fragt: Soll das schon alles gewesen sein? Dann darfst du mal genau hinschauen, wo es in deinem Leben gut läuft und wo es vielleicht zwickt. Dabei muss es nicht immer um radikale Entscheidungen und Veränderungen gehen. Es können ganz kleine Dinge sein, deren Änderungen dazu führen, dass dein Leben sich plötzlich ganz anders anfühlt. Oft ist es auch gar nicht die berufliche Situation, die sich verändern muss. Das ist mir ganz wichtig, zu sagen. Der beste Job der Welt kann nicht ausgleichen, wenn du mit dir und deinem sonstigen Leben unzufrieden bist. Da hilft auch der Sprung in die Selbstständigkeit nicht, egal wie schön sie immer dargestellt wird. Glaub mir, die Selbstständigkeit ist kein Heilmittel für alles Unglück auf dieser Welt.

Bevor du anfängst, kopflos dein ganzes Leben auf den Kopf zu stellen, deine Festanstellung kündigst und deine Vier-Zimmer-Wohnung im Kölner Süden verkaufst, schau erst mal hin, wo du gerade stehst, wie es dir geht und wo du in Zukunft hinwillst. Das ist der erste Schritt, um herauszufinden, ob dieses Leben als digitale Nomadin, das nach so viel Spaß und Freiheit aussieht, wirklich das Richtige für dich ist.

Dabei kann das Rad des Lebens[1] sehr hilfreich sein, denn es zeigt dir genau auf, in welchen Lebensbereichen du dich erfüllt fühlst und in welchen Lebensbereichen du vielleicht Nachholbedarf hast. Das Rad des Lebens zeigt die neun großen Lebensbereiche auf: Freunde & Beziehung, Beruf & Berufung, Familie, Hobbys & Freizeit, Fitness & Gesundheit, Geld & Finanzen, persönliche Entwicklung, räumliches Umfeld.

Einen Vordruck des Rads des Lebens findest du in dem Workbook zu diesem Buch, das du dir für 0 Euro unter diesem Link herunterladen und ausdrucken kannst:
www.juliamüller.de/workbook.

Bewerte nun jeden einzelnen Lebensbereich mit einer Zahl zwischen 0 und 10. 0 bedeutet, dieser Lebensbereich ist gerade überhaupt nicht erfüllt. 10 bedeutet, dieser Bereich ist voll erfüllt. Ich finde es extrem hilfreich, nicht nur eine Zahl neben den Lebensbereich zu schreiben, sondern das jeweilige Tortenstück auch bis zum Bereich der Erfüllung auszufüllen. So siehst du genau, wo du voll erfüllt bist und wo es gerade einen Mangel oder nennen wir es lieber Optimierungspotenzial gibt.

Schau dir zur Auswertung das gesamte Lebensrad an. Welche Lebensbereiche sind erfüllt? Welche (noch) nicht? Als ich das Rad des Lebens zum ersten Mal ausgefüllt habe, war ich geschockt: Im Grunde war kaum ein Bereich voll erfüllt und bei manchen gab es nicht mal eine Fläche zum Ausmalen. Es war deprimierend. Falls es bei dir genauso ist, sieh es als Chance. Es mag nicht schön sein, dass dein Leben gerade nicht so aussieht, wie du es dir wünschst, aber du setzt dich gerade jetzt damit auseinander. Und das heißt, dass du etwas ändern möchtest. Das ist der erste Schritt.

Es mag Situationen geben, in denen eine Änderung gerade nicht in Sicht ist. Mit einem neugeborenen Baby zuhause sind die Bereiche Hobbys/Freizeit/Abenteuer, persönliche Weiterentwicklung und Freunde und Umfeld oft eher wenig erfüllt. Dafür ist der Bereich Familie oft gut gefüllt. Das gehört zu der jeweiligen Phase und kann sich wieder ändern. Wenn man gerade von einer zwölfmonatigen Weltreise zurück kommt, dann sind Persönliche Weiterentwicklung und Hobbys/Freizeit/Abenteuer bestimmt gut gefüllt, aber der Bereich Finanzen und Job/Karriere dürfte nicht voll erfüllt sein (es sei denn, du bist digitale Nomadin oder arbeitest schon remote). Das ist ganz normal.

Ich finde es sehr hilfreich, mir nach dem Ausfüllen des Rads des Lebens einen Zettel und mein Journal zu schnappen und mir alle Gedanken, die mir zu dem Ergebnis kommen, von der Seele zu schreiben. Schau dir dann genau an, in welchen Bereichen dir Erfüllung fehlt und wie du diese Bereiche glücklicher gestalten kannst, denn ja, daran kannst du auch selbst arbeiten. Wenn du zum Beispiel im Bereich Hobbys und Freizeit unzufrieden bist, dann überlege dir, welche Hobbys du schon immer mal ausprobieren wolltest, starte die Recherche, wo du dieses Hobby ausprobieren kannst und mach dafür Zeit in deinem Kalender. Wenn du unzufrieden mit deiner Gesundheit und Fitness bist, dann überleg dir eine Sache, mit der du ab sofort daran arbeiten kannst, deine Gesundheit zu verbessern, und starte damit heute noch. Auch wenn du im ersten Moment den Drang verspürst, direkt an allen Lebensbereichen zu drehen, fang mit zwei Bereichen an und etabliere in diesen neue Gewohnheiten und Routinen. Mach dann erst mit den anderen Bereichen weiter.

Du wirst merken, dass manche Bereiche sich gegenseitig beeinflussen. Wenn du zum Beispiel neue Hobbys beginnst, knüpfst du dabei oft auch neue Kontakte und findest neue Freunde. Oft verbessern sich Beziehungen aber zum Beispiel auch wieder, wenn die Unzufriedenheit in anderen Bereichen, wie im Job, weicht. Ich weiß, dass es viel cooler ist, zu sagen: Du bist unzufrieden? Dann kündige deinen Job und werde digitale Nomadin. Aber das ist nicht für jede da draußen die beste Lösung.

Wenn du dir alle Bereiche angeschaut hast und sicher bist, dass der Job das Problem ist, gibt es auch hier wieder viele

verschiedene Möglichkeiten, woran es liegen könnte.
Ist es wirklich der Job oder ist es die Firma, in der du gerade arbeitest? Es kann aber auch nur eine einzige Kollegin sein, die dich ärgert und dir jeden Tag vermiest. Beides ist nicht schön und für beides sollte eine Lösung gefunden werden. In der falschen Firma angestellt zu sein oder seine Kolleg*innen nicht leiden zu können, das sind beides keine Gründe, um sich selbstständig zu machen.

Selbstständig sein bedeutet extrem viel Selbstverantwortung, immer und immer wieder neue Ideen zu entwickeln, Entscheidungen zu treffen, Unsicherheiten auszuhalten und auch mal den ein oder anderen Konflikt auszutragen. Das ist anstrengend, und ich bin der ungeliebten Meinung: Dafür muss man gemacht sein. Ich weiß, bei Insta sieht es immer so einfach aus, aber selbstständig zu sein, ist nicht immer nur Sonnenschein.

Die örtliche und zeitliche Freiheit, die mit einer Selbstständigkeit einhergeht und die so oft als größtes Argument für eine Gründung genannt wird, ist für manche Segen, für manche aber auch der ultimative Fluch.

Nicht für jede Person sind Freiheit und Selbstbestimmung erstrebenswert. Manche Menschen brauchen einfach ein bisschen mehr Sicherheit als eine Selbstständigkeit ihnen, vor allem im ersten Jahr, bieten kann. Sei dir dessen bewusst und lass dich nicht von den sonnigen Seiten blenden. Auch als Selbstständige wirst du arbeiten müssen. Es wird zwar hauptsächlich Arbeit sein, die du liebst, aber Technik, Buchhaltung und Gesprächsnachbereitung machen nicht jeden Tag Spaß und auch regelmäßig Content auf Instagram zu veröffentlichen, fällt vielen schwer.

Ich sage das so deutlich, weil ich das Gefühl habe, dass die Selbstständigkeit auf Instagram als DER HEILIGE GRAL verkauft wird. Alle sind happy, alle sind selbstbestimmt, alle verdienen unglaublich viel Geld und keine*r von ihnen arbeitet dafür. Als käme das Geld ihnen einfach zugeflogen. Das ist nicht so.

Keine Frage, ich liebe meine Selbstständigkeit. Sie ermöglicht mir das Leben, das ich gerade lebe. Sie ermöglicht mir, zu reisen, ständig neue Menschen kennenzulernen, meine Tage und Wochen so zu planen, wie es mir passt und gefällt. Du kannst dir aber sicher sein: Nichts davon ist mir einfach so zugeflogen. Jeder Post, jede Story, jedes Produkt, jeder Erfolg, alles, was du siehst, war und ist Arbeit.

Sei dir dessen bewusst, wenn du dich dafür entscheidest. Sei dir wirklich bewusst, worauf du dich einlässt und entscheide dich dann, ob es das ist, was du dir wünschst.

Viele starten nebenberuflich in die Selbstständigkeit. Das kann eine tolle Möglichkeit sein, um dich auszuprobieren, erste Erfahrungen zu sammeln und Kunden zu gewinnen. Für mich war das jedoch nicht der richtige Weg. Die begrenzte Zeit, der zusätzliche Stress und die, aus meiner Sicht, zu langsamen Fortschritte, haben mich extrem unter Druck gesetzt und zu meinem späteren Burn-out beigetragen. Vielleicht ist es für dich aber genau die richtige Mischung aus Selbständigkeit und Sicherheit.

Am Ende kommt alles auf diese Frage an: Wie stellst du dir dein Leben vor? Beantworte diese Frage für dich und gehe von dort aus weiter.

Was bedeutet Freiheit für dich?

„Ich helfe Frauen dabei, sich ein freies, selbstbestimmtes und erfolgreiches Business aufzubauen." Das steht so in meiner Instagram Bio, auf meiner Website, in meinen E-Mails, und wenn du mich schon mal auf einem Event sprechen gehört hast, dann habe ich das ganz wahrscheinlich dort auch erwähnt. Dabei stolpern viele über den Begriff „frei". „Also, so eine Weltreise kommt für mich nicht in Frage. Wir haben gerade ein Haus gekauft und ich möchte hier wohnen bleiben." Kein Problem. Ich zwinge meinen Lebensstil niemandem auf. Freiheit muss nicht bedeuten, dass du deine Wohnung kündigst, deine Sachen verkaufst und ans andere Ende der Welt reist. Unter Freiheit versteht jede*r etwas anderes und es gibt verschiedene Arten von Freiheit, die du in deine ganz eigene Definition mit einbeziehen kannst. Für manche ist Freiheit ein Lebensgefühl, das Gefühl, im Leben genau da zu sein, wo sie sein möchten.Andere haben eine genauere Vorstellung davon, wie zum Beispiel wann und wo sie arbeiten wollen.

Es gibt aber drei Faktoren, die vor allem digitale Nomaden mit dem Begriff Freiheit verbinden und die du für dich definieren solltest, wenn du darüber sprichst, freier sein zu wollen: örtliche, zeitliche und finanzielle Freiheit.

Örtliche Freiheit erlaubt dir, überall zu leben und überall zu arbeiten. Aber was bedeutet das für dich? Geht es dir nur darum, mal in einem Café oder einer anderen Stadt zu arbeiten? Oder möchtest du mehr reisen und ab und an mal unterwegs arbeiten? Natürlich gibt es die Option, alle Zelte abzubrechen und als digitale Nomadin ans andere Ende der Welt ziehen – ist das dein Traum? Das sind alles Möglichkeiten. Keine davon musst du ergreifen, aber jede davon kannst du ergreifen, wenn du möchtest.

Zeitliche Freiheit bedeutet, terminlich möglichst ungebunden zu sein. Auch das kann unterschiedliche Abstufungen haben: Als angestellte*r Remote-Arbeiter*in hast du meistens noch feste Arbeitszeiten, zu denen du je nach Absprache anwesend sein musst. Als Freelancer*in mit festen Kund*innen, hast du wahrscheinlich einige Termine in der Woche, die du aber frei bestimmen und so legen kannst, wie es dir am besten passt. Digitale Produkte und Online-Kurse geben dir die Möglichkeit, viel zu automatisieren. Der Traum aller Selbstständigen! Lass dich aber nicht blenden. Jeder Online-Kurs muss erstmal aufgebaut und dann kontinuierlich verbessert werden. Selbst mit automatisierten digitalen Produkten wirst du deshalb einige Stunden in der Woche arbeiten müssen. Das ist aber sehr wahrscheinlich deutlich weniger und vor allem sehr viel flexibler, als in einem Nine-to-five-Job in Deutschland.

Finanzielle Freiheit ermöglicht dir noch mehr Freizeit und noch weniger Einschränkungen in der Ortswahl und Freizeitgestaltung. Aber auch hier stellen sich einige Fragen: Was bedeutet finanzielle Freiheit für dich? Genug Geld zu verdienen, um deinen aktuellen Lebensstandard gut zu halten? Geht es darum, passive Einkommensströme und Prozesse aufzubauen, um nicht mehr operativ eingebunden zu sein? Oder bedeutet finanziell frei zu sein für dich überhaupt nicht mehr arbeiten zu müssen? Was strebst du an? Worauf arbeitest du hin?

Für mich bedeutet Freiheit, jeden Tag dort sein zu können, wo ich sein möchte, meine Arbeit, meinen Tag und meine Woche so planen zu können, wie ich es mir vorstelle. Wenn ich dann noch die Abenteuer erleben kann, die ich mir wünsche und die finanziellen Ressourcen habe, um meine Reisen zu genießen, dann fühle ich mich maximal frei. Kein Chef im Nacken, kein Urlaub, den ich einreichen, keine Arbeitszeiten, an die ich mich halten muss.

Für mich kommt außerdem hinzu, dass ich mich in der Selbstständigkeit ganz bewusst dafür entscheiden kann, mit wem ich arbeite. Keine alten weißen Männer mehr, sondern Frauen, die etwas erreichen, selbstbestimmt und frei sein wollen – das sind Kund*innen, denen ich gern meine Zeit widme und für die ich unglaublich gerne arbeite.

Meine Kund*innen haben teilweise ganz andere Vorstellungen: Eine besitzt ein Pferd. Sie fühlt sich frei, wenn sie jeden Tag zwei Stunden im Stall verbringen kann.Als sie noch angestellt war, konnte sie immer nur abends nach der Arbeit reiten und hatte eine Reitbeteiligung für Tage, an denen sie nicht pünktlich aus dem Büro kam. Für sich selbst den Tag planen und entscheiden zu können, wann sie ihrem Hobby nachgeht, ist Freiheit für sie.

Mütter wiederum haben oft ein ganz anderes Verständnis von Freiheit. Für viele meiner Kund*innen mit Kindern bedeutet Freiheit, für ihre Kinder flexibel da zu sein und gleichzeitig ihrer Leidenschaft nachgehen zu können. Sie schätzen an ihrer Selbstständigkeit, dass sie ihre Kinder früher aus der Kita abholen können, keine Kinderkrankentage beantragen müssen und es niemanden gibt, mit dem sie ihren Urlaub während der Ferienzeit diskutieren müssen. Gleichzeitig tragen sie in ihrem Unternehmen Verantwortung, lieben ihre Arbeit und sind maximal flexibel, wenn es im Familienalltag mal wieder anders läuft als geplant.

Vielleicht bedeutet Freiheit für dich, längere Urlaube zu machen, vielleicht aber auch, unter der Woche in einem Café zu arbeiten, später anzufangen oder Nachmittage freizunehmen. Vielleicht träumst du von einer Vier-Tage-Woche oder von einer extrem langen Mittagspause mit Mittagsschlaf.

Ich weiß nicht, was Freiheit für dich bedeutet. Muss ich auch nicht. Aber du solltest es wissen, wenn du planst, dir ein freies, selbstbestimmtes Leben aufzubauen.

Ich habe im Workbook zu diesem Buch einige Reflexionsfragen zusammengefasst, die dir dabei helfen, herauszufinden, was Freiheit für dich bedeutet.

Unter *https://www.juliamüller.de/workbook* kannst du dir das Workbook gegen Austausch deiner E-Mail-Adresse herunterladen.

Was, wenn es mit meinem Business nicht klappt?!

Bis hierhin ist dein Weg zur freien, selbstbestimmten Online-Unternehmerin easy. Bis hierhin steckst du im Was-wäre-wenn-Spiel: Was wäre, wenn ich mich für eine Selbstständigkeit entscheide? Was wäre, wenn es klappt und ich dann wirklich so frei und selbstbestimmt bin, wie ich es gerade formuliert habe? Was wäre, wenn ich ab nächstem Jahr selbst die Welt bereisen und überall arbeiten könnte? Was wäre, wenn ich alle Brücken in Deutschland abbreche und nur noch in der Sonne lebe? Ich liebe es, dass du langsam anfängst von einem Leben träumst, das dich glücklicher macht als das, in dem du gerade steckst. Das ist ein toller erster Schritt. Aber das was-wäre-wenn-Spiel bringt dich nicht weiter. Im Gegenteil, denn meistens kommen irgendwann auch die unangenehmen Was-wäre-wenn Fragen auf: Was wäre, wenn ich keine Kunden finde? Was wäre, wenn niemand bei mir kauft? Glaub mir, mit solchen Fragen bist du schneller in der Abwärtsspirale, als du gucken kannst.
Been there, done that.

Wenn du also fertig bist, dir dein potenzielles Was-wäre-wenn-Leben auszumalen, lass uns konkret werden. Was willst du genau? Was möchtest du nicht mehr? Wie soll dein Leben aussehen und was musst du dafür tun, um das zu erreichen?

Ja, im Fragenstellen bin ich Weltmeisterin. Und ja, jetzt wird es ein wenig unangenehm, denn es wird Zeit, konkret zu werden. Danach wird es dann ganz unangenehm, denn dann musst du nämlich eine Entscheidung treffen. Ich sage hier zwar eine Entscheidung, aber eigentlich sind es ganz schön viele. Und ich sage es dir gleich: Wenn du dich wirklich dazu entschließt, Unternehmerin zu werden, dann hören die Entscheidungen gar nicht mehr auf. Du wirst dich aber daran gewöhnen, keine Sorge.

Es ist übrigens okay, wenn es dir am Anfang schwerfällt. Gerade, wenn es darum geht, zu kündigen und zu gründen, macht das Angst. Zurecht: Du verlässt mit deiner Anstellung die vermeintliche Sicherheit einer monatlichen Gehaltszahlung. Die Sicherheit einer Renten-, Pflege-, Kranken- und Sozialversicherung, die automatisch für dich und von dir gezahlt wird. Und dann die Verantwortung, die mit einer Gründung auf dich zukommt. Ganz zu schweigen von der ganzen Bürokratie, die danach auf dich wartet. Steigt dir auch schon der Puls?

Ich weiß nicht, was passiert. Ich weiß es weder für mich und mein Business und noch weniger für dich und deins. Was ich aber weiß, ist, dass diese Fragen dich nicht weiterbringen. Ich habe Jahre damit verbracht, mir genau diese Fragen zu stellen und damit viel Zeit verschwendet.

Ich sage nicht, dass es nicht gut ist, sich vor so einer großen Entscheidung, die den Rest deines Lebens beeinflussen könnte, Gedanken zu machen und Fragen zu stellen. Was ich sage, ist, dass du anfangen solltest, dir bessere Fragen zu stellen. Fragen, die dich wirklich weiterbringen. Fragen, die dir mehr über dich verraten und mehr über das, was du wirklich willst (das hast du hoffentlich gerade schon gemacht). Fragen, die dir einen Weg aufzeigen und einen Ausweg. „Was wäre, wenn …?" bringt dich nicht weiter. „ Was mache ich, wenn …?" aber schon.

Diese ganzen Fragen, die du in deinem Kopf jonglierst, können auf Selbstzweifel zurückgeführt werden. Ich weiß, dass Selbstzweifel heutzutage sehr verrufen sind. Niemand möchte Selbstzweifel haben und zugeben, dass nicht immer alles Friede, Freude, Eierkuchen ist. Selbstzweifel haben in der Coaching-Bubble nur eine einzige Daseinsberechtigung: Sie sind da, um überwunden zu werden.

Dabei sind sie gar nicht so schlecht, wie sie immer dargestellt werden. Sie sind ein Schutzmechanismus unserer Psyche. Sie sind dazu da, um uns vor psychologischen Risiken wie Ablehnung, Versagen, Enttäuschung, Erfolg, Überforderung, Verurteilung und Konflikt zu beschützen. Vor allem im Vergleich zu einer Festanstellung, bei der jeder einzelne Schritt Alltag ist, wirkt die Gründung eines Unternehmens mit all den Unvorhersehbarkeiten ziemlich risikoreich. Kein Wunder, dass unser Nervensystem verrücktspielt und wir durchdrehen, wenn es darum geht, uns für diesen Schritt zu entscheiden.

Was mache ich, wenn ich bis zum Zeitpunkt X keine Kund*innen finde? Was mache ich, um mir im ersten Jahr der Selbstständigkeit mehr Sicherheit zu geben? Wie kann ich dafür sorgen, dass ich eine selbstbestimmte Entscheidung für mein Leben treffe? Mit diesen Fragen bist du direkt in der Selbstverantwortung. Fühlt sich doch viel besser an, oder? Und das Schöne daran: Diese Fragen kannst du wirklich beantworten. Du kannst dir hier und heute einen Plan für die Worst-Case-Szenarien in deinem Kopf machen. Setz dich am besten direkt dran.

Ach übrigens, vielleicht hilft dir auch dieser Gedanke: Eine Selbstständigkeit ist nie das Ende der Welt. Man darf auch in eine Selbstständigkeit starten, feststellen, dass es nicht das richtige ist und zurück in die Anstellung gehen. Das ist völlig okay und kann den Druck die richtige Entscheidung zu treffen, nehmen.

DIE ANDEREN

„Was werden wohl DIE ANDEREN sagen, wenn ich meinen Job kündige, mit einem Coaching-Business starte und auf Insta dafür werbe? Die halten mich doch für verrückt. Meine Nachbarin folgt mir schon und hat gefragt, ob ich jetzt Influencerin werde.“ Es war klar, dass diese Frage früher oder später aufkommen würde. Viele meiner Kundinnen stellen sie sich an irgendeinem Punkt in ihrem Gründungsprozess. Eigentlich fast alle. Meine Kundin, nennen wir sie mal Antonia, hatte gerade ihre Coaching-Ausbildung abgeschlossen und vor einigen Wochen angefangen, sich auf Instagram ein Profil aufzubauen. Spätestens, wenn es in die Sichtbarkeit eines Instagram-Accounts oder einer Website geht, kommen irgendwann die Fragen nach DEN ANDEREN auf.

Diese Frage und mich verbindet eine Hassliebe. Der Hass kommt daher, dass die Frage nach der Meinung DER ANDEREN viele meiner Kundinnen extrem beschäftigt. Was denken DIE ANDEREN hiervon? Was halten DIE ANDEREN davon? Wenn ich das jetzt poste, dann halten DIE ANDEREN mich doch für arrogant, oder? DIE ANDEREN haben viel mehr Erfahrung als ich, warum sollte jemand bei mir kaufen?

Die Liebe kommt daher, dass DIE ANDEREN oft sehr schnell

ihre Macht verlieren: „Wer sind eigentlich DIESE ANDEREN?“, frage ich auch Antonia. „Äh, na ja, also halt die, die ich aus dem richtigen Leben kenne. Die, die mit mir zur Schule gegangen sind und die, die mit mir in der Coachingausbildung waren und mein alter Arbeitgeber und … “ Sie hat wenigstens ein paar konkrete Menschen im Kopf. Die meisten können mir darauf keine Antwort geben. „Und was befürchtest du, was sie denken könnten?“ – „Sie könnten denken, dass ich mich zum Affen mache und, dass es lächerlich ist, dass ich jetzt bei Instagram bin, wie die Influencer.“

„Hat das schon mal jemand so zu dir gesagt oder es angedeutet?“, frage ich nach. „Nein, nur die Nachbarin mit ihrer Frage.“ -„Na ja, die Nachbarin scheint viel Zeit auf Instagram zu verbringen, sonst hätte sie dich ja nicht gefunden, und im Grunde hat sie nur nachgefragt, was du jetzt machst. Könnte das vielleicht einfach Interesse gewesen sein?“ Sie denkt nach. „Ja, das könnte Interesse gewesen sein. Sie hat eigentlich nichts Negatives dazu gesagt.“ Jetzt kommen wir der Sache schon näher. „Kann es denn sein, dass sie einfach nicht versteht, was du jetzt machst, und sich das einfach von dir erklären lassen wollte?“ Schweigen. Ich kann sehen, wie es in Antonias Kopf rattert. „Du hast recht. Sie hat mir dann auch einige Fragen zu meinem Coaching gestellt und warum ich das auf Instagram bewerbe und wie es bisher klappt. Wenn ich jetzt darüber nachdenke, war sie einfach nur neugierig. Ich glaube, sie hat sich gar nicht über mich lustig gemacht."

Da liegt also der Hund begraben: Antonia dachte ihre Nachbarin hätte sich über sie lustig gemacht. Da kommt dann die Self-Belief-Coach in mir hervor, denn diese Sorgen, was DIE ANDEREN über uns denken könnten, wie andere reagieren könnten, dass sie sich über uns lustig machen oder hinter unserem Rücken über uns lästern, diese Sorgen sind oft nicht wahr. Sie bestehen nur in unserem Kopf, in unserer Interpretation der Dinge.

„Ok, wenn wir jetzt davon ausgehen, dass deine Nachbarin einfach neugierig war, dann lass uns doch mal schauen, was in den Köpfen deiner Coaching-Mitauszubildenden vorgehen könnte. Du sagst, du hast Angst, dass sie es lächerlich finden, dass du jetzt auf Instagram deine Angebote bewirbst. Das ist deine Befürchtung, deine bisherige Wahrheit. Du hast aber keine Beweise dafür. Was könnte denn sonst noch wahr sein?"

Wir brainstormen und kommen auf sehr viele unterschiedliche Interpretationen:

- Ihre ehemaligen Mitauszubildenden könnten sie zum Beispiel dafür bewundern, dass sie so mutig ist, sich auf Instagram zu zeigen, weil sie sich selbst nicht trauen.
- Sie könnten selbst darüber nachdenken, bei Instagram zu starten, und sich bei Antonia ein paar Inspirationen abho-

len wollen.

- Es könnte sein, dass sie Antonia folgen, um ihr ihre Unterstützung zu zeigen.
- Es ist aber auch möglich, dass sie sie zufällig gefunden haben und ihr seitdem folgen, ohne wirklich großes Interesse zu haben. Das würde erklären, warum sie bisher niemand angeschrieben hat. In nur ein paar Minuten haben wir so viele mögliche Alternativen zu Antonias Interpretation der Situation gefunden.

„Aber wir wissen ja nicht, welche davon jetzt wahr ist.“, sagt Antonia mit einem Blick auf die Liste der alternativen Wahrheiten. „Nein, das wissen wir nicht. Aber das wussten wir auch vorher nicht. Wir können nicht in die Köpfe anderer Menschen gucken. Aber bevor wir diese Liste gemacht haben, gab es für dich nur eine einzige Interpretationsmöglichkeit: Meine Mitauszubildenden machen sich über mich lustig. Jetzt hast du Alternativen, die alle genauso plausibel sind und sich viel besser anfühlen. Oder?“

Und das ist die Hauptsache. Sich besser zu fühlen. Sich eine Interpretation zu suchen, die motiviert. Eine, die davon ausgeht, dass andere Menschen ihren Mitmenschen etwas Gutes wollen oder einfach nur verdammt neugierig sind.

Sich nicht mit dem ersten Urteil im eigenen Kopf zufrieden zu geben, sondern alternative Wahrheiten zu finden, kann so befreiend sein. Plötzlich wirkt die Welt so viel wohlgesinnter.

DIE ANDEREN, die haben ihr eigenes Leben, ihre eigenen Unsicherheiten, ihre eigenen Zweifel. Und meistens finden sie uns gar nicht so spannend, wie wir oft denken. Meistens sind DIE ANDEREN gar keine Menschen aus dem direkten Umfeld. Oft sind sie völlig gesichtslos und können keiner realen Person zugeordnet werden. Sie existieren nur in unserem Kopf. Und wie verrückt ist es bitte, sich von Menschen einschüchtern zu lassen, die nur in unserem Kopf existieren? Crazy, oder?

Und sollte es DIESE ANDEREN, diese negativen Menschen, die sich über dich lustig machen und dich belächeln, tatsächlich geben, dann tu dir und ihnen doch einen Gefallen und liefere ihnen eine gute Show. Eine, in der du die Hauptrolle spielst, am Ende supererfolgreich bist und deine Träume lebst. Was meinst du, wie frei sich das anfühlt?

Unternehmertum: Was dein Business mit deiner Identität zu tun hat

„Eine Selbstständigkeit ist die schnellste Form der Persönlichkeitsentwicklung." Schon mal gehört? Keine Frage, es ist absolut wahr, aber es klingt viel positiver, als es sich in der Realität anfühlt. Denn ganz ehrlich: Wann hat sich Persönlichkeitsentwicklung schon mal gut angefühlt? Bei mir noch nie. Deshalb sage ich lieber: „Sich selbstständig zu machen, heißt, sich selbst jede Woche wieder freiwillig in eine Identitätskrise zu stürzen und dabei zu hoffen, dass es irgendwann besser wird." Das klingt im ersten Moment nach einer ziemlich negativen Geschichte – das ist es aber nicht. Es ist eine Geschichte voller Hoffnung, Disziplin, Wandel und Entwicklung. Und diese Geschichte ist so viel ehrlicher als die, die auf Instagram so gerne glorifiziert wird.

Solltest du noch nicht selbstständig sein, möchte ich dir keine Angst machen. Ich möchte ehrlich zu dir sein. Und meine ehrliche Meinung ist: Sich selbstständig zu machen, ist mehr, als nur den Job zu wechseln. Du bist Chef*in deines eigenen Business und gleichzeitig übernimmst du diese Rolle für dich selbst. Wer keine Führungserfahrung hat, kann sich mit der neuen Verantwortung ganz schön schwer tun.

In der Schule, im Studium und erst recht im Angestelltenverhältnis werden wir dazu erzogen, Dinge so zu tun, wie jemand anderes es von uns möchte. In der Schule lernen wir, Aufgaben so zu erledigen, dass unsere Lehrer glücklich sind. Wir kommen zur Schule, wie der Stundenplan es vorgibt, hören brav zu, rechnen Aufgaben nach dem einen Weg, der uns vorgegeben wurde, und schreiben Textanalysen nach Schema F. Im Studium schreiben wir Hausarbeiten – und zwar so, dass unsere Professoren sie möglichst gut bewerten. Wir informieren uns, welches Format gewünscht ist, welche Schriftart, wie lang die Arbeit sein soll und richten dann alles nach diesen Vorgaben aus. Es gibt nur einen richtigen Weg (pro Professor), und auf diese Weise werden Dinge erledigt.

Dann starten wir ins Arbeitsleben. Der erste Angestelltenjob. Wir sind ganz unten in der Nahrungskette. Und wieder einmal lernen wir, wie Dinge gemacht werden. Dazu lesen wir SOPs (Standard Operating Procedure – Standardprozesse, nach denen in Unternehmen gehandelt werden soll), machen Seminare und fragen alle naselang unsere Vorgesetzten, wie sie X und Y denn gerne präsentiert hätten. Klar, darf man auch mal einen eigenen Vorschlag machen, Eigeninitiative ergreifen, aber der Rahmen dafür ist meist doch eher eng gesteckt.

Dann machen wir uns selbstständig. Freiheit. Endlich! Wir können unsere Arbeitszeiten selbst bestimmen. Projekte auswählen, die wir annehmen oder starten wollen. Wir können entscheiden, mit welchen Kund*innen wir arbeiten möchten (falls sie denn schon Schlange stehen) und keine Menschenseele redet uns rein. Das klingt nach der ultimativen Freiheit. Ist es auch allerdings mit dem Haken, dass wir es gar nicht gewohnt sind, so viel Freiheit zu haben und der Tatsache, dass mit all der Freiheit auch ganz schön viel Verantwortung auf uns zukommt.

Plötzlich haben wir so unendlich viele Möglichkeiten, dass wir uns am liebsten nur unter einer Decke verstecken und jemand anderen entscheiden lassen wollen. Und dieser Jemand sind für unsere Kund*innen meistens wir. Und vielleicht noch eine andere Mentorin. Und noch eine Coachin. Oder doch mal links und rechts schauen, was DIE ANDEREN so machen. Und im Zweifelsfall sagen alle etwas anderes und das Chaos ist perfekt.

Meine Bezeichnung für dieses Phänomen: das Angestellten-Identitäts-Problem. Hab ich mir selbst ausgedacht, du musst nicht danach googlen.

Was ich damit meine?
Viele neue Selbstständige möchten mit den Aufgaben und der Verantwortung, die sie haben, so umgehen, wie sie das bisher gemacht haben: Eine Vorgabe finden, wie es gemacht wird

und dieser dann folgen. Wir sind es gewohnt, wie Angestellte zu denken, aber das funktioniert als Selbstständige nicht mehr, weil es niemanden mehr gibt, der Anweisungen gibt. Niemand sagt: Gut gemacht! Man selbst gibt Anweisungen und muss mit den Konsequenzen dieser Entscheidungen leben.

Plötzlich muss man Selbstführung und vielleicht auch Teamführung lernen, ist ständig den eigenen Selbstzweifeln ausgesetzt und muss resilienter werden als jemals zuvor. Die Grenzen zwischen privat und beruflich verschwimmen, denn das Unternehmen, das man gerade gegründet hat, ist erst einmal nur von einem selbst abhängig und es gibt niemanden mehr, der die Arbeits- und Pausenzeiten vorgibt.

Versteh mich nicht falsch: Es ist wichtig, Dinge zu lernen, und oft sind Bücher, Online-Kurse und Mentorings die Abkürzung, um schneller voranzukommen. Aber all diese Hilfen sind nur das: Hilfen. Sie können die Arbeit nicht für dich machen und sie können dir die Verantwortung nicht abnehmen. Eine Verantwortung, die du auf dich genommen hast, als du beschlossen hast, dich selbstständig zu machen. Eine Verantwortung, die nun einmal der Preis für die Freiheit ist, nach der wir alle streben.

Mein Tipp für dich: Mach dich bereit dafür, in deine neue Rolle hineinzuwachsen. In die Rolle einer Unternehmerin. In die Rolle einer Frau, die Verantwortung trägt, Entscheidungen trifft und mit den Konsequenzen lebt. Mach dich bereit, aus der Masse hervorzustechen und dich und dein Unternehmen sichtbar zu machen. Trag nach außen, was du machst, und hör auf, dich hinter Chef*innen und Kolleg*innen, Coaches und Mentor*innen zu verstecken.

Triff Entscheidungen, die anders sind als die, die alle anderen treffen. Mach Dinge neu, mach Dinge so, wie du sie gut findest. Sei bereit, Fehler zu machen. Sei bereit, aus diesen Fehlern zu lernen, und sei bereit, wieder von vorne anzufangen, wenn etwas nicht geklappt hat. Das braucht Kraft, jede Menge Mut und die Fähigkeit, sich selbst jeden Tag zu motivieren, selbst zu führen und auszuhalten, dass es manchmal nicht so läuft, wie man es sich vorgestellt hat.

Denn in den Momenten, in denen es nicht so läuft, findet die Persönlichkeitsentwicklung statt, von der alle reden. Unangenehm, aber wahr.

Let’s gooooo!
Von der Idee zur Umsetzung

Business-Aufbau ist ein Marathon und kein Sprint. Wie beim Marathontraining ist es wichtig, Grundlagen zu schaffen und erst wenn diese stehen, längere Strecken zu laufen und am Ende an der Zeit zu arbeiten.

Ein Tipp, den ich allen meinen Kundinnen mitgebe und den ich auch dir mitgeben möchte: Nimm dir am Anfang Zeit für die Basics. Ja, es ist total verlockend, sich direkt mit Logos und Farben und Verkaufen und am besten noch dem Skalieren zu beschäftigen. Aber du sparst dir ganz viel Zeit, wenn du dich auf den Aufbau einer Marke, einer Community und einen Marketing- und Verkaufskanal konzentrierst.

Wenn deine Basis steht, kannst du deine Fühler ausstrecken und weitere Marketingkanäle ausprobieren, dir überlegen, wie du deine Umsätze steigerst und dich mit der Skalierung deiner Angebote beschäftigen. Aber all das wird nicht funktionieren, wenn deine Business-Idee schwammig, deine Zielgruppe unklar und dein Angebot unausgegoren ist. Oder hast du mal jemanden einen Marathon laufen sehen, der keine

Grundfitness hatte? Also, ich nicht.
Und weil Umsatz von Umsetzen kommt, starten wir jetzt. All die Planerei und all die Gedanken, die du dir in den vergangenen Tagen und Wochen gemacht hast, werden dich nicht weiterbringen. Du musst ihnen auch Taten folgen lassen und anfangen, an deinem neuen Leben und der dazugehörigen Selbstständigkeit zu arbeiten.

So findest du eine Business-Idee, die zu dir und deinem Lifestyle passt.

„Ich mache Business-Aufbau mit Breathwork und Yoga und Persönlichkeitsentwicklung." Das antwortete Amelie mir bei unserem Kennenlerngespräch auf die Frage, was sie in ihrem Business macht. Ich stelle diese Frage in jedem Kennenlerngespräch, auch wenn ich meistens anhand des Instagram Accounts schon eine Vorstellung habe, was meine potenzielle Kundin anbietet. Bei Amelie hatte der Blick auf ihr Profil nur eine Erkenntnis gebracht: Sie weiß nicht, wer ihre Zielgruppe ist und was sie anbieten möchte. Und diese Antwort bestätigte mir genau das.

Das ist weder ungewöhnlich noch schlimm. Die meisten Business-Starterinnen beginnen damit, sich ihre Fähigkeiten anzuschauen und basteln daraus ein Angebot oder eine Angebotspalette, ohne zu wissen, ob die einzelnen Teile zusammenpassen und ob der Zusammenhang für ihre Zielgruppe verständlich ist.

Ich bin froh über jede Business-Starterin, die einfach loslegt und sich ausprobiert. Wie sollen wir denn sonst lernen, was funktioniert und was nicht, wenn wir es nicht testen? Dass dabei mal was schiefgeht, ist normal und viel besser, als ewig über eine Strategie nachzugrübeln.

„Wen möchtest du mit deinem Angebot denn ansprechen?“, frage ich Amelie, um besser verstehen zu können, was sie sich bei diesem Zusammenhang gedacht hat. „Ich möchte Business-Starterinnen ansprechen und ihnen dabei helfen, erfolgreicher in ihrem Business zu werden und mit Yoga und Breathwork dabei unterstützen, einen entspannten Alltag zu etablieren. Aber es können auch gerne Angestellte zu meinen Sessions kommen, wenn sie Stress in ihrem Alltag haben. Und wenn jemand schon länger ein Business hat, dann ist Entspannung natürlich immer ein Thema.“ – „ Das sind jetzt aber schon zweieinhalb bis drei Zielgruppen, die du mir gerade genannt hast.“ Amelie grinst. „Das hat mein Freund auch gesagt, aber ich kann ja auch allen helfen.“ Und da liegt meistens der Hund begraben, denn wenn Business Starter eins verstehen dürfen, dann ist es das: Nur weil du allen helfen kannst, heißt das nicht, dass du allen helfen musst. Denn wenn du allen helfen und alle erreichen willst, führt das meistens dazu, dass du niemanden erreichst und auch niemandem hilfst.

Überleg doch mal: Wohin gehst du, wenn du eine richtig gute Pizza essen willst? Zu einem italienischen Restaurant, das auf Pizza spezialisiert ist, einen Pizza-Ofen in der Küche hat und überall für seine Pizza bekannt ist? Oder in den Imbiss, der neben Döner und Lamaçun zusätzlich Pommes, Burger, Falafel und eben auch Pizza verkauft? Ich glaube, die Antwort ist klar.

Natürlich gehen wir alle nach einem Club-Besuch auch mal zum Imbiss um die Ecke, weil es der einzige Laden ist, der noch geöffnet hat. Aber unsere erste Wahl für eine richtig gute Pizza wird immer das Pizza-Restaurant mit Spezialisierung sein.

Grundsätzlich ist es toll, bei der Entwicklung einer Business-Idee bei deinen Fähigkeiten anzufangen. Wenn du gerade noch keine Idee hast, womit du dich selbstständig machen könntest, dann schreib erst einmal auf, was du alles kannst, was du gelernt hast, was du in den vergangenen Jahren in deinem Job gemacht hast, welche Dinge dir leicht fallen und wobei deine Freunde dich immer um Hilfe bitten. Mach eine lange und ausführliche Liste. Streich dann alles raus, was du davon zwar gut kannst, aber nicht gerne machst.

Übrig bleibt eine Liste mit Dingen, die du anbieten könntest. Dazu kommen dann vielleicht noch Dinge, die du gerne lernen und zukünftig in dein Angebot aufnehmen möchtest. Schreib diese ruhig noch dazu. Am besten in einer anderen Farbe und mit einem Datum, das dir einen Überblick darüber gibt, wann du bereit bist, diesen Skill als Dienstleistung oder

Coaching-Thema anzubieten.

Und jetzt wird es Zeit, dir deine mögliche Zielgruppe anzuschauen. Hast du schon jemanden im Kopf, dem du mit deinen Fähigkeiten helfen möchtest? Gibt es einen bestimmten Bereich, in dem du Bedarf siehst, wie eine bestimmte Branche oder eine Personengruppe, zum Beispiel alleinerziehende Mütter oder Studierende, die unter dem Impostor-Phänomen leiden? Wenn ja, dann ist das schon mal ein erster großer Schritt. Wenn nein, dann fang an darüber nachzudenken, wer Bedarf für dein Angebot haben könnte. Gibt es vielleicht schon eine Nische, in der du dich weiter spezialisieren kannst? Oder gibt es jemanden, der sich bereits für deine Fähigkeiten interessiert hat? Menschen, die mit dir eine bestimmte Coaching-Ausbildung gemacht haben, Menschen aus deinem Umfeld, die interessiert an einer deiner Fähigkeiten waren oder Leute, die in der Vergangenheit Dienstleistungen oder Beratungen dieser Art in Anspruch genommen haben?

Manchmal haben wir aber auch uns selbst im Kopf. Ein vergangenes Ich aus einer Zeit, in der wir uns eine bestimmte Art von Support oder eine Dienstleistung von jemandem gewünscht hätten. Auch das ist eine tolle Ausgangsbasis für eine Positionierung.

„Kennst du denn jemanden, der/die an diesem breiten Angebot

Interesse haben könnte oder ähnlicheAngebote schon in Anspruch genommen hat?“, frage ich Amelie. „Ja, eine befreundete Unternehmerin geht regelmäßig zum Yoga und Breathwork und hat auch eine Business Coach, die ihr beim Business-Aufbau hilft. Das könnte ich als Komplettpaket anbieten und sie damit umfassend beraten. So können wir ihren Herausforderungen holistisch begegnen.“ – „Die Idee ist gut, aber hast du deine Freundin mal gefragt, wie sie die Idee findet? Also, ob sie gerne in all diesen Themen von derselben Person betreut werden würde und ob das alles für sie auch online denkbar wäre.“ Ich kannte die Antwort, bevor ich sie hörte.

Sie hatte weder ihre Freundin noch sonst jemanden in ihrer Zielgruppe nach ihrer Meinung gefragt. Auch das ist ganz normal. Die meisten Business-Starterinnen besprechen sich mit dem eigenen Partner, teilen ihre Ideen mit einer Freundin, vielleicht haben sie auch eine Business Sister, mit der sie sich gelegentlich austauschen (eine weit bessere Ansprechpartnerin als die ersten beiden, aber dazu kommen wir noch) – und irgendwann landen sie dann bei einer Business-Mentorin und besprechen mit ihr die neuesten Ideen. Dabei vergessen sie, dass keiner dieser Menschen wirklich weiß, ob die Zielgruppe sich für dieses Angebot interessieren würde, es sei denn, eine dieser Personen gehört selbst dazu.

Da nehme ich mich selbst und alle anderen Business-Mentor*innen nicht aus. Wir haben vielleicht ein bisschen mehr Erfahrung in Zielgruppenbefragungen, wissen besser, worauf es zu achten gilt und stellen generell bessere Fragen, aber in Köpfe und Geldbeutel schauen, das können wir alle nicht. Deshalb ist es spätestens jetzt an der Zeit, Menschen zu suchen, die sich für dein Angebot interessieren könnten und sie zu fragen, was sie von deiner Idee halten und welche Unterstützung sie sich von dir wünschen würden. Dafür suchst du in deinem Freundes- und Bekanntenkreis, in Facebook-Gruppen oder auf Kanälen, die du schon benutzt, nach Menschen, die zu deiner Zielgruppe gehören, und lädst sie zu einem Interview ein. Dieses kann entweder über Zoom oder persönlich stattfinden. Du solltest aber eine Möglichkeit finden, das Gespräch aufzuzeichnen, um später genaue Formulierungen daraus nutzen zu können.

Wenn du deine Zielgruppe schon mal vor dir sitzen hast, dann nutze die Zeit, um generell mehr über sie herauszufinden: Wo stehen sie gerade? Wo möchten sie hin? Was ist das größte Hindernis, das dich am Erreichen dieses Ziels hindert? Wo informierst du dich zu diesem Thema etc. Im Workbook zu diesem Modul habe ich dir eine kleine Auswahl an Fragen für dein Zielgruppen-Interview zusammengefasst.

Diese Zielgruppen-Interviews führen zu müssen, klingt am Anfang erstmal etwas einschüchternd und viel langweiliger, als an deinem Logo und deiner Website zu basteln, aber bitte überspringe diesen Teil nicht. Du wirst darin so viel über deine Zielgruppe und ihre Gedanken lernen und mit viel mehr Ideen für Produkte und Angebote rausgehen, als du reingegangen bist. Am Ende sparen dir diese Interviews auch extrem viel Zeit, denn du wirst sehr schnell merken, ob deine Ideen ankommen oder nicht. Dazu musst du dir aber wirklich Interviewpartner suchen, die dir ehrlich auf deine Fragen antworten und dazu bereit sein, auch mal nachzuhaken. Am Anfang wirst du immer oberflächliche Antworten erhalten. Niemand erzählt gerne von den eigenen Problemen und macht sich nackig vor jemandem, der Experte*in auf genau diesem Gebiet ist. Trau dich deshalb, nachzuhaken und Antworten infrage zu stellen.

Bei meiner Kundin Amelie kam übrigens heraus, dass nicht jeder ihrer Befragten bereit war, ein Komplettpaket aus Business Mentoring, Yoga und Breathwork zu kaufen. Besonders für Yoga-Einheiten wollten die meisten lieber offline in ein Studio gehen. Deshalb erarbeiteten wir ein Angebot für Business-Starterinnen, die sich Unterstützung im achtsamen Business-Aufbau wünschen. Zusätzlich bietet Amelie jetzt einzeln buchbare Unternehmerinnen-Kreise an, in denen gemeinsam Breathwork und Yoga praktiziert und über Herausforderungen und Erfolge im Business-Aufbau gesprochen wird. Zwei dieser Sessions sind in jedem 1:1-Programm enthalten, sodass die Kundinnen von diesem Angebot profitieren und andererseits andere Interessentinnen, die noch nicht bereit für ein großes Programm sind, sie und ihre Arbeit kennenlernen können. Außerdem entstehen durch diese Kreise Verbindungen zwischen den Kundinnen, die dazu führen, dass ihre 1:1-Kundinnen ihre Arbeit an die Teilnehmerinnen des Unternehmerinnenkreises weiterempfehlen.

Ein weiterer Vorteil dieses Angebots ist es, dass ihre ehemaligen Kundinnen auch nach der engen Zusammenarbeit weiter zu diesen Veranstaltungen kommen, um sich auszutauschen und die Gemeinschaft zu erleben. Win-win, würde ich sagen. Auf das Konzept ist sie aber erst gekommen, nachdem sie sich mit mehreren Unternehmerinnen unterhalten und ihre Kundinnen immer wieder um Feedback gebeten hat.

Was lernen wir daraus? Sprich mit deiner Zielgruppe – und zwar nicht nur einmal. Bleib in Kontakt. Und bleib nicht an deiner ersten Idee kleben. Kaum jemand ist direkt mit seiner ersten Idee und dem ersten Programm reich geworden. Trau dich, Projekte zu verwerfen! Nur so hast du Platz für neue und viel bessere Ideen, sowie Angebote, auf die deine Kund*innen gewartet haben.

Let’s start a Business, Baby

Vor jedem Business steht eine Gründung. Der erste große Schritt, um die eigenen Pläne zur Realität werden zu lassen. Und der erste Schritt, der ganz schön viel Angst machen kann. Mein Tipp: Hol dir schon hier Unterstützung und lass dich beraten. Klar, man findet einiges, wenn man googelt, und auch bei Instagram gibt es den ein oder anderen Account, der dir mit Content weiterhelfen kann. Aber gerade bei der Anmeldung des eigenen Unternehmens sollte man sich nicht auf gefährliches Halbwissen verlassen.

Ich bin bei meiner Gründung in ein Gründungszentrum gegangen und habe mir dort Unterstützung und Beratung gesucht. Wir haben gemeinsam einen Businessplan geschrieben, den Gründungszuschuss bei der Agentur für Arbeit beantragt und ich habe dort alles über Buchhaltung gelernt, was man zum Start wissen muss. Außerdem hatte ich dort die Möglichkeit, andere Gründerinnen kennenzulernen und ein erstes kleines Netzwerk aufzubauen.

Es tat so gut, feste Ansprechpartner*innen für alle meine Fragen zu haben und gab mir Sicherheit bei den ersten bürokratischen To-Do’s. Der Vorteil an einem Gründungszentrum ist, dass die meisten staatlich gefördert werden und die Beratung von Neugründer*innen für diese kostenlos erfolgt. Außerdem können dich die Mitarbeiter*innen dort meist auch bezüglich weiterer Förderungsmöglichkeiten beraten. Mein Gründungszentrum bietet außerdem einen Co-Working-Space, die Anmietung von Büro- und Konferenzräumen und unzählige Kurse rund um den Unternehmensstart an. Erkundige dich also am besten vor der Gründung (und am besten auch vor einer Kündigung oder einem Gespräch mit der Bundesagentur für Arbeit) nach einem Gründungszentrum oder einer Gründungsberatung in deiner Nähe und vereinbare dort einen Termin.

Alternativ gibt es die Möglichkeit, sich vorab von einem Steuerberater oder einer privaten Gründungs- oder Unternehmensberatung unterstützen zu lassen. Diese Angebote sind oft kostenpflichtig. Solltest du sowieso von Anfang an mit einem*r Steuerberater*in zusammenarbeiten, dann ist es sinnvoll diese*n schon für die Gründung ins Boot zu holen und mit ihm/ihr einen Businessplan zu erstellen und die Gründungsunterlagen durchzugehen. Hab keine Angst davor, dir Unterstützung zu holen und deine Fragen zu stellen. Es ist noch keine Gründerin vom Himmel gefallen und jede von uns hatte schon mal eine Frage zur Gründung, Steuern und Bürokratie.

Für diejenigen unter euch, die direkt außerhalb Deutschlands gründen möchten, gibt es auch dafür Beratungen, die ich euch wirklich ans Herz legen möchte. Eine Unternehmensgründung ist kein Spaß und absolut nichts, was man mal so einfach auf die leichte Schulter nehmen sollte. Bürokratie funktioniert in anderen Ländern anders und wenn vielleicht noch eine Sprachbarriere dazukommt, kann es ganz schnell zu Missverständnissen kommen. Du solltest ganz genau wissen, auf das du dich einlässt. Lass dir helfen.

Solltest du dich gegen Unterstützung durch eine Gründungsberatung und gegen die Beantragung des Gründungszuschusses der Agentur für Arbeit entscheiden, möchte ich dir trotzdem empfehlen, einen Businessplan zu erstellen. Ich weiß, es klingt nach einem riesigen unnötigen Projekt, wo du doch eh schon alles, was du machen möchtest, im Kopf hast. Aber glaub mir, es kann helfen, das alles einmal aufzuschreiben. Was machst du in deinem Unternehmen, wer ist deine Zielgruppe, welche Produkte planst du, wie teuer sind die einzelnen Produkte und Dienstleistungen, wie viele Kapazitäten hast du für welches Produkt, welchen Umsatz planst du für welches Produkt und insgesamt und welche Fixkosten hast du privat, aber auch für dein Business? Manche dieser Dinge stehen bestimmt schon fest, manche Dinge kannst du nur bedingt beeinflussen oder vorhersagen, wie die Anzahl der Verkäufe pro Produkt oder Dienstleistung.

Nicht alles, was du planst, wird zu hundert Prozent so umgesetzt und mit Sicherheit gehen auch die wenigsten Planungen direkt auf.

Aber du hast erstmal einen Plan, einen Wegweiser, eine Richtung klar vor dir liegen. Das wird dir dabei helfen, deine geplanten Produkte und Projekte zu priorisieren, zeitlich einzuplanen und dir aufzuzeigen, wie viel Umsatz du erwarten kannst. Ein Businessplan muss und sollte kein Plan sein, den du einmal erstellst und der dann in der Schublade verschwindet. Er sollte ein Arbeitsmittel sein, das mitwächst und an dem du immer weiter arbeitest. Wenn du ihn richtig nutzt, kann er ein Plan für die nächsten To-dos und am Ende jedes Monats, Quartals und Jahres ein Tool zur Erfolgskontrolle sein.

In Gründungszentren erhältst du meist direkt zu Beginn der Zusammenarbeit die Vorlage für einen Businessplan. Solltest du dich dafür entscheiden, eigenhändig einen Plan zu erarbeiten, dann findest du mit Google einige Vorlagen.

Personal Brand oder Corporate Brand?

Du hast dich für eine Business-Idee entschieden und dein Business-Plan steht. Jetzt kommt eine weitere Frage auf dich zu, bevor du wirklich losstarten kannst: Willst du als Personal Brand, also als Personenmarke, auftreten oder möchtest du mit einer Corporate Brand, also einer Unternehmensmarke auftreten? Beides hat Vor- und Nachteile und es ergibt Sinn, sich beide vorab anzuschauen, um die richtige Entscheidung für dich und deine Selbstständigkeit zu treffen.

Aber was ist überhaupt was und warum muss ich mich entscheiden? Eine Corporate Brand ist das, was wir aus dem klassischen Produktmarketing kennen. Marken wie Adidas, Porsche, SAP und Allianz sind bekannte deutsche Beispiele dafür. Wenn wir an diese Marken denken, fallen uns deren Logos, Farben, Eigenschaften der Marke oder Produkte ein. Vielleicht erinnern wir uns an einen Duft oder eine Melodie. Vielleicht kommt dir eine Printanzeige, eine Situation mit dem Produkt oder ein Gefühl, das das Produkt auslöst, in den Kopf, aber eine Person kommt dir dabei selten ins Gedächtnis – es sei denn, es handelt sich um eine Unterwäsche Model von Calvin Klein oder die Kampagne von Dove.

Grund dafür ist, dass die gesamte Marke um ein Business, ein

Produkt oder eine Produktreihe und nicht um eine Person entwickelt wurde. Bei einer Corporate Brand stehen dein Unternehmen und dein Produkt im Vordergrund. Dadurch bist du als Gründer*in außen vor und deutlich freier, als wenn deine Marke mit dir als Person verknüpft ist. Es erwartet deshalb auch niemand, dass dein Content, deine Fotoshootings, deine Kund*innengespräche etc. mit dir stattfinden, weil dich im Zweifelsfall niemand kennt. Gerade, wenn du planen solltest, aus deiner Selbstständigkeit ein Unternehmen zu machen, Personal einzustellen und Aufgaben, vielleicht auch in der Kundenbetreuung, auszulagern, ergibt es Sinn, über eine Corporate Brand nachzudenken.

Anders ist es bei einer Personenmarke. Bekannte große Personenmarken sind Karl Lagerfeld, Heidi Klum und die meisten großen und kleinen Coaches: Tobias Beck, Laura Malina Seiler, Pamela Reif. Auch ich habe eine Personal Brand. Bei einer Personal Brand werden deine Qualifikationen, Kompetenzen und Erfolge nach außen kommuniziert und du selbst positioniert. Durch eine gezielte Darstellung soll mit deiner Personenmarke ein Expertenstatus und eine Meinungsführerschaft erreicht werden, die sich im besten Fall mit deinem Unternehmen verknüpfen lässt und auf deine Angebote und Produkte abfärbt. Du als Person bist die Marke und trittst als dein eigene*r Markenbotschafter*in und als bestes Beispiel für den Erfolg deiner Produkte auf.

Viele Business-Anfänger*innen, die meistens als Freelancer*innen oder Einzelcoaches starten, entscheiden sich für eine Personal Brand. Der Vorteil hier ist, dass du durch die Positionierung deiner Person eine Nahbarkeit herstellen und mit Sympathie punkten kannst. Dadurch baust du viel schneller Vertrauen und Autorität auf, als wenn du dich hinter einem Logo versteckst und man keine Möglichkeit hat, dich kennenzulernen. Eine ähnliche Verbindung zu Produkten und Unternehmensmarken entsteht meist erst nach Jahren.

Gerade bei der Bewerbung auf Instagram bietet sich der Aufbau einer Personenmarke an, weil sämtliche Funktionen darauf ausgelegt sind, dass eine Person sie von ihrem Smartphone aus nutzt. Die Instagram Stories sind entstanden (damals noch als Snaps bei Snapchat), um Follower*innen in Snippets durch den Tag mitzunehmen und Story Sticker sind darauf ausgelegt, mit der Community persönlich in Kontakt zu treten. Natürlich kann man all diese Funktionen auch als Corporate Brand nutzen und mittlerweile gibt es unzählige Plattformen, über die man Stories und endlich auch Reels vorplanen kann. Dafür war Instagram ursprünglich nicht gedacht und wird auch eher für Creator als für große Corporate Brands weiterentwickelt.

Personal Brands tun sich außerdem oft leichter in der Vernetzung mit anderen Unternehmer*innen und potenziellen Geschäftspartner*innen. Dadurch, dass keine Vorstellung wie „Ich bin die Gründerin von" notwendig ist und das Gesicht bekannt ist, ist es einfacher, wiedererkannt zu werden – Fluch und Segen zugleich.

Der Nachteil einer Personal Brand ist gut am Fall Fynn Kliemann zu sehen.[2] Im Mai 2022 wurden Klieman, in einem Beitrag des ZDF Magazin Royale, Betrug und unlautere Geschäftspraktiken im Zusammenhang mit der Produktion und dem Vertrieb von Masken vorgeworfen, woraufhin Geschäftspartner die Zusammenarbeit einstellten und ihm ein Nachhaltigkeitspreis aberkannt wurde. Dieser Skandal wirkte sich nicht nur auf ihn und seine Stellung als Influencer aus sondern auch auf sämtliche Firmen, die er zusammen mit anderen Geschäftspartnern gegründet hatte und die, nach eigener Aussage, nichts mit dem Skandal zu tun hatten.

Mit dem Vertrauensverlust zur Person Fynn Kliemann ging ein Vertrauens- und Imageverlust seiner sämtlichen Unternehmen einher, was auch die Abgabe seiner Posten als Geschäftsführer nur schwer wiedergutmachen konnte. Dieses Risiko geht man ein, wenn man sich dafür entscheidet, eine Marke an sich als Person zu binden.

Der Vorteil einer Corporate Brand liegt wiederum eindeutig in der Seriösität und dem Image gegenüber Kund*innen im

B2B-Bereich. Solltest du planen, mit großen Unternehmen zusammenzuarbeiten, beispielsweise als Agentur oder Berater*in, kann dir ein Corporate Branding ein besseres Standing und ein professionelles Image verleihen.

Natürlich können auch Corporate Brands einen Imageschaden erleiden. Dieser hängt dann aber nicht direkt mit dir als Person zusammen und betrifft keine deiner anderen Projekte oder Unternehmen, wenn du nicht als Personenmarke unmittelbar im Scheinwerferlicht stehst.

Jetzt hofft natürlich niemand von uns auf den Imageverlust seiner Brand, aber es gehört zu der Entscheidungsfindung dazu, solche Szenarien miteinzubeziehen.

Welche Art des Brandings für dich die richtige ist, das kannst nur du entscheiden. Überlege dir, wo du hinmöchtest und wäge die Vor- und Nachteile ab. Denk darüber nach, was du mit deiner Brand erreichen willst, wen du erreichen willst und von welcher Art Brand sich deine Zielgruppe eher angesprochen fühlt.

Beim Online-Business-Aufbau für Coach*innen, Berater*innen und Dienstleister*innen, die Instagram als Marketing-Kanal nutzen möchten, empfehle ich aus allen oben genannten Gründen und aus Erfahrung fast immer eine Personal Brand.

Die Beziehung, die ich zu meiner Community habe, beruht auf Sympathie und Vertrauen zu mir als Person. Mein Erfolg wäre ohne eine Personal Brand nie möglich gewesen.

Natürlich ist nichts davon in Stein gemeißelt. Viele große Personal Brands entwickeln im Laufe der Zeit Corporate Brands für ihr Modelabel und auch große Coaches, wie Caroline Preuss, arbeiten darauf hin, ihre Personenmarke mehr und mehr zu einer Corporate Brand zu machen. Nicht, weil eine Corporate Brand von Anfang an die beste Entscheidung gewesen wäre, sondern, weil sie einen Status mit ihrer Personenmarke erreicht hat, der so groß ist, dass sie schon lange Unterstützung in der Umsetzung in Form eines Teams braucht und, um weiter zu wachsen, Dinge im operativen Geschäft und auch in der Außendarstellung abgeben möchte und muss.

Dieses bevorstehende Umbranding ist sehr zeitaufwendig, muss gut geplant werden und wird nicht von einem Tag auf den anderen vollzogen. Es dauert Monate und bindet Kapazitäten, die an anderer Stelle ebenso gut eingesetzt werden könnten.

Deshalb: Nimm dir Zeit, zu entscheiden, was für den Start deines Business und in den ersten zwei bis fünf Business Jahren die beste Entscheidung für dich und dein Unternehmen ist. Lass dich im Zweifelsfall beraten und arbeite dann konsequent an deiner Markenbildung. Vielleicht wächst du dann auch irgendwann aus deiner Marke raus.

Dein USP: Wer bist du und was macht dich außergewöhnlich?

Eine Brand braucht Branding. Aber dafür musst du erstmal wissen, was du machen möchtest und was dich außergewöhnlich macht.

Diese Woche hatte ich die erste Mastermind-Session der neuen HAPPY SALES-Runde. HAPPY SALES ist mein Gruppenprogramm in dem ich Coach*innen, Berater*innen und Dienstleister*innen Schritt für Schritt zeige, wie sie·erfolgreich und authentisch auf Instagram verkaufen. Das Programm geht über sechzehn Wochen und behandelt sechs Module, von dem jedes aus einer Live Masterclass und einer Mastermind Session besteht. Und das hat auch einen bestimmten Grund: Die meisten Online-Kurse und Gruppenprogramme beschäftigen sich nur mit der Wissensvermittlung. Wissen haben die meisten Unternehmer*innen aber. Sie haben Bücher über das Verkaufen gelesen, sie haben Kurse besucht, sie haben Instagram-Profile durchstöbert und Newsletter abonniert und im Grunde wissen sie, worauf es ankommt. Was sie meistens nicht können, ist, die Dinge, die sie gelernt haben, für sich umzusetzen und auf ihr Unternehmen und ihre aktuelle Situation zu übertragen. Oft fehlt ihnen ein neutraler Blick auf die Dinge, die sie umsetzen und dann kommen die Mastermind

Sessions bei HAPPY SALES ins Spiel. Darin besprechen wir nämlich das Gelernte und wir diskutieren Hindernisse und Probleme. Am Mittwoch fand also die erste Mastermind Session mit einer neuen Gruppe statt, die sich passend zu der Masterclass in der Woche davor, um das Thema (Angebots-)Positionierung drehte.

In dieser Session führe ich immer ein und dasselbe Gespräch mit mindestens einer Teilnehmerin: „Meine Positionierung steht, daran muss ich nicht arbeiten. Meine größte Herausforderung ist, dass ich keine Community habe, und darauf will ich mich in den nächsten Wochen konzentrieren."

„Meine Positionierung steht." Ich weiß nicht, wie oft ich das schon gehört habe. Und es ist in neunundneunzig Prozent der Fälle einfach nicht wahr. Denn Life Coach zu sein, ist keine Positionierung. „Ich helfe Menschen in Umbruchsituationen" auch nicht. Da muss mehr her. Überhaupt: Die beste Positionierung bringt dir nichts, wenn es an der Kommunikation an deine Zielgruppe mangelt. Du kannst in deine Bio, auf deine Visitenkarten und deine Website schreiben, was du willst. Wenn deine Zielgruppe nicht versteht, was du machst, dann bist du nicht positioniert, denn sie entscheidet im letzten Schritt, wofür du bekannt bist und wofür nicht.

Natürlich, Positionierung fängt bei dir an und du musst entscheiden, wofür du bekannt sein möchtest. Das muss bei deiner Zielgruppe aber auch ankommen. Der Weg von dir zu deiner Zielgruppe ist der Content, den du veröffentlichst: die Stories, die du machst, die Posts, die du veröffentlichst, die Dinge, die du zeigst oder auch nicht zeigst. Daraus entnehmen deine Follower*innen, wer du bist und was du machst. Nicht von einer Berufsbezeichnung in deiner Bio. Die wird im Zweifelsfall einmal gelesen und danach nie wieder angeschaut.

Meine Kundin aus besagter Mastermind Session, wir nennen sie mal Katha, hatte in ihrer Instagram-Bio zwar eine tolle Beschreibung ihrer Leistungen stehen, ihr Feed war thematisch aber Kraut und Rüben. Hier etwas zu Persönlichkeitsentwicklung, da ein Post zu Breathwork, dann ein Zitat, das irgendwie so gar nicht passen wollte, ein paar Selfies mit einem Lifeupdate und dann kamen Posts mit Business-Tipps.

Wenn ich das so schreibe, dann weiß ich, dass es offensichtlich für dich ist, was sie falsch macht. Das Problem ist nur, dass wir selbst diese Fehler oft nicht erkennen. Wir haben unzählige Ausbildungen und kennen Menschen, denen wir mit dem, was wir gelernt haben, helfen könnten, Unternehmer*innen brauchen Tipps im Business-Aufbau, aber auch Unterstützung, um sich zu entspannen, und Persönlichkeitsentwicklung schadet ja auch nie. Und wenn ich mich selbst für all diese

Themen interessiere, tun es andere sicher auch. Und außerdem habe ich doch in meiner Story abstimmen lassen und meine Follower*innen wollten einen Post zu diesem Thema!

Schon klar, aber die neue potenzielle Follower*in, die auf dein Profil kommt, weil sie sich für Breathwork interessiert und dazu einen deiner Posts gefunden hat, ist verwirrt, weil du in deinem restlichen Profil plötzlich über Dinge sprichst, die in ihrer aktuellen Situation nicht hilfreich sind. Oder sie versteht gar nicht erst, was du überhaupt machst. In beiden Fällen wird sie dir nicht folgen. Der Denkfehler, der bei vielen Business-Starter*innen besteht, ist meistens: Ich kann so viel und kann so vielen Menschen helfen – und das zeige ich jetzt auf meinem Profil. Dadurch entsteht oft ein Durcheinander auf dem Account, der für die Besitzerin völlig logisch ist, jedoch für einen neuen Besucher oder jemanden, der immer nur Ausschnitte deines Contents sieht, keinen Sinn ergibt.

Simon Sineck sagt dazu: Wenn du versuchst, alle anzusprechen, sprichst du niemanden an. Und genau das sehe ich auf vielen Instagram-Profilen.

Aber wie bringst du alle deine Fähigkeiten unter einen Hut und wendest dich an die Menschen, die dein Angebot wirklich kaufen möchten?

Als Erstes solltest du überlegen, wem du überhaupt helfen möchtest, welche Ziele diese Person hat und welche Herausforderungen und Probleme zwischen ihr und ihrem Ziel stehen. Wie kannst du dieser Person am besten helfen?

Bitte fang mit dieser einen Person an und lerne sie besser kennen. Es kann sehr helfen, sich dazu eine Person aus dem eigenen Umfeld zu suchen und diese als Vorbild zu nehmen, zu bestimmten Dingen zu befragen und so aus erster Hand Antworten zu bekommen.

Im Fall meiner Kundin Katha würde ich nach einer achtsamen Business-Starterin Ausschau halten, die sich für Persönlichkeitsentwicklung interessiert (oder vielleicht sogar in dem Bereich selbständig ist) und Techniken wie Breathwork als Tool für die eigene Entspannung nutzt. Das ist ein erster Ansatzpunkt, aber noch kein vollständiger Kundenavatar. Mithilfe von Interviews könnte man aber herausfinden, welche weiteren Interessen, Herausforderungen und Probleme diese Wunschkundin hat.

Diese Kundin ist spirituell, betreibt seit mehreren Jahren Persönlichkeitsentwicklung und hat sich vor einem Jahr entschieden, eine Coaching-Ausbildung zu machen. Jetzt möchte sie mit ihrem Business starten, benötigt aber Hilfe bei Positionierung, Angebotserstellung und dem Aufbau von Reichweite.

Diese Unterstützung wünscht sie sich von einer Gleichgesinnten, die wie sie nach dem eigenen Flow arbeitet und Embodiment-Techniken zur Entscheidungsfindung, Entspannung und eigenen Klarheit nutzt.
Plötzlich ist aus dem Chaos zwischen all den Themen eine mögliche Nische für meine Kundin entstanden:

Holistische Business-Mentorin für achtsame Coach*innen.

In deinem Content wird dann ein Zusammenhang zwischen den Themen deutlich: „Warum Breathwork ein tolles Entspannungstool für Unternehmer*innen ist" kann die Hook für einen ihrer Posts lauten, der diese Themen vereint und mehr Klarheit für potenzielle Follower*innen bringt. So wurde Breathwork zu einem Tool, mit dem sie Unternehmerinnen unterstützt.

Es ist kein abgekapseltes Angebot mehr, das für alle Menschen zugänglich ist. Breathwork wurde also von einem Angebot, das ihre Positionierung verwässert hat, zu einem Tool, das ihren USP (Unique Selling Point) ausmacht.

Dein USP gibt aber immer nur eine Richtung vor. Er muss weiter mit Inhalt gefüllt werden: Wie kommunizieren deine Kund*innen? Emotional oder rational? Wie werden sie gerne angesprochen? Sind sie eher introvertiert oder extrovertiert?

Wie lernen sie gerne? In welchen Formaten fühlen sie sich wohl, weil das Umfeld zu ihrer Persönlichkeit passt, und in welchen Formaten eher nicht?
Es ist wichtig, auch diese Aspekte deiner Wunschkundschaft zu kennen und sie so zielgruppengerecht anzusprechen. Vergiss die oberflächlichen Avatare aus Geschlecht, Alter und Familienstand. Ozzy Osbourne und König Charles sind beide Briten, männlich und im gleichen Alter – trotzdem würde sie niemand jemals der gleichen Zielgruppe zuordnen.

Jetzt haben wir geklärt, warum du dich klar positionieren solltest, aber dein USP besteht nicht nur aus deinem Expert*innenthema.

Menschen mit dem gleichen Expert*innenthema gibt es viele, aber dich, als Person gibt es nur einmal. Ganz ehrlich: Wie vielen Menschen auf Instagram folgst du gerne, weil du nur ihr Expert*innenthema interessant findest. Wahrscheinlich den wenigsten, oder?

Wenn ich meine Follower frage, warum sie mir folgen, dann sagen sie: „Weil du mir sympathisch bist“, „weil ich sehen will, wo deine Reise hingeht“, „ weil dein Content außergewöhnlich ist“, „es ist bei dir immer wie eine kleine Daily Soap und das will ich nicht verpassen“, „du unterhältst mich gut“, aber auch „ich lerne total viel“, „du bist eine richtige Expertin“, „du bietest so viel Mehrwert“, „ich lieb, mit welcher Leichtigkeit du verkaufst“ und auch „ich mag, dass du offen deine Meinung sagst“, „du bist so authentisch“, „ich mag, dass du dich gegen manipulative Techniken im Marketing aussprichst“.

Ja, meine Follower*innen folgen mir wegen meines Expertinnenstatus. Aber sie folgen mir auch wegen mir. Und das machen sie nur, weil ich ihnen Teile von mir zeige.

Deshalb ergibt es Sinn, dich als Person mit deinen Eigenschaften, Werten, Vorlieben sowie Eigenheiten und Haltung ebenfalls als Teil deiner Marke und Teil deiner Positionierung zu sehen und einzubringen. Ich weiß, das ist erst mal beängstigend. Besonders, wenn du Angst vor der Verurteilung anderer Menschen hast und dich noch vor der Sichtbarkeit scheust. Glaub mir, ich war nicht immer so selbstbewusst wie jetzt. Stories haben mich am Anfang an meine Grenzen gebracht und ich habe mir geschworen, niemals Reels zu drehen. Das hat sich entwickelt. Ich habe mit kleinen Schritten angefangen, kleine Teile aus meinem Business-Alltag gezeigt, dann darüber gesprochen, warum ich bestimmte Dinge auf eine bestimmte Weise mache und nach und nach erzählt, wenn Dinge schief gegangen sind. Darüber habe ich mich auch mal lustig gemacht und so meinen Humor gezeigt. Dabei habe ich ganz schnell gelernt, was meine Follower*innen interessant und

witzig finden und womit ich mich wohl fühle. So ist eine Beziehung zu meiner Community entstanden, die mich kennt, schätzt, mit der ich Insider habe und die bei bestimmten Dingen an mich denken. Das ist Markenbildung.
Aber glaub nicht, dass du mein ganzes Leben kennst, nur weil ich dich fünf Minuten am Tag mit durch mein Business nehme. Es gibt immer noch unzählige Dinge, die jeden Tag bei mir passieren, die ich nicht zeige und nicht bespreche. Und genauso wenig musst du dein ganzes Leben zeigen und alles besprechen, was bei dir so los ist. Es gibt Teile deiner Marke, die dich persönlich zeigen: Dein Humor, deine Hobbys, deine Eigenheiten und deine Einstellung zu bestimmten Themen. Trotzdem gibt es Teile deines Lebens, die privat sind. Die tauchen auf deinem Account, in deiner Marke einfach nicht auf. Welche Teile das sind, das entscheidest du. Mein Vorschlag: deine Kinder (!!!), dein Familienleben, Themen, die sich mit deinem Business-Thema beißen und Probleme, die du noch nicht gelöst hast.

Ich werde auf Instagram zum Beispiel nie über meine Familie sprechen. Meine Freunde und vor allem die Kinder meiner Freunde wirst du niemals auf meinem Kanal sehen. Ich bespreche Probleme, die ich im Business oder privat habe, nie, solange sie noch nicht gelöst sind, und auch meine Umsätze sind privat. Das habe ich für mich so definiert. Du darfst das für dich genauso definieren und dabei starke Grenzen bei einen und weniger starke Grenzen bei anderen Themen ziehen. Wo deine Grenzen liegen, kannst nur du entscheiden. Niemand sonst. Und wenn du dich irgendwann dazu entscheidest, Grenzen zu verschieben, neue aufzustellen und andere einzureißen, ist das auch okay. Fang mit kleinen Schritten an und schau, wie du dich wohlfühlst, trau dich, du selbst zu sein, mit deinem Content zu experimentieren – und vertrau darauf, dass die richtigen Menschen dich finden werden.

Warum Instagram die perfekte Plattform für den Start ist

Eine Business-Idee ist toll, aber wenn niemand davon erfährt, wird es sehr schwer, dein Angebot auch nur einmal zu verkaufen. Deshalb solltest du dir schon während der Planungsphase deines Business Gedanken darüber machen, wie du dein Unternehmen und deine Angebote für deine Zielgruppe sichtbar machen möchtest.

Wenn du dich in der Coaching- und Dienstleister-Bubble umsiehst, wirst du viele Empfehlungen finden: „LinkedIn ist ein Muss für jeden im B2B Geschäft." – „Wenn du heute noch große Reichweiten erzielen möchtest, dann musst du auf TikTok werben." – „Nur E-Mail-Adressen gehören wirklich dir. Jedes Online-Unternehmen braucht E-Mail-Marketing". Ich könnte ewig so weitermachen.

Und weißt du, was die Auswahl noch schwieriger macht? Jede dieser Strategien funktioniert. Du wirst für jeden Social-Media-Kanal, jeden Content-Kanal und jede Strategie, die da draußen kursiert, Fürsprecher und Erfolgsgeschichten finden und natürlich auch eine*n Mentor*in, der/die sie dir vermittelt. Und auch wenn jede dieser Strategien funktioniert, heißt das nicht, dass jede dieser Strategien die richtige für dich ist.

Bevor du dich damit beschäftigst, einen oder mehrere Marketing-Kanäle auszuwählen, ist es wichtig, zu definieren, wer deine Zielgruppe ist und wo sich diese Zielgruppe aufhält. Oft tendieren wir dazu, unsere Zielgruppe mit uns selbst und unserem eigenen Verhalten gleichzusetzen. Oft ist das auch richtig, weil wir als Coaches, Mentor*innen und Dienstleister*innen meistens Kund*innen anderer Coaches, Mentor*innen und Dienstleister*innen sind und diese über einen ganz bestimmten Kanal gefunden haben. Der Trugschluss: Wenn ich über diesen Kanal zur Kundin werde, finde ich dadurch auch Kund*innen. Das kann wahr sein, muss es aber nicht.

Um herauszufinden, welcher Marketing-Kanal der richtige ist, solltest du erst einmal herausfinden, auf welchen Kanälen sich deine Zielgruppe aufhält. Wenn du es herausgefunden hast, ist es wichtig, noch ein wenig tiefer einzusteigen und die Verhaltensweisen deiner Zielgruppe auf dem jeweiligen Kanal zu analysieren. Denn nur weil jemand privat auf TikTok unterwegs ist, heißt das nicht, dass derjenige/diejenige dort auch Business-Partner sucht oder sich zu dem Thema informiert, das du besprichst.

Eine tolle Möglichkeit, um herauszufinden, auf welchen Plattformen deine Community unterwegs ist, kann eine Zielgruppenbefragung sein. Frag Menschen, mit denen du arbeiten möchtest, welche Kanäle sie nutzen, wozu und wie oft. Frag zusätzlich, mit welchen Themen sie sich dort beschäftigen, wie sie neue Accounts finden und wonach sie entscheiden, welchem Account sie folgen. Lass dir auch Accounts nennen, denen sie gerne folgen, und Gründe dafür. Auch Gegenbeispiele, also ungeliebte Accounts und warum sie diese nicht mögen, sind immer eine gute Information.

Bei deinen Interviews wirst du ganz viele Antworten bekommen, es wird aber auch das ein oder andere Mal vorkommen, dass du danach mehr Fragen hast, als vorher. Beispielsweise, wenn jemand wie ich vor dir sitzt, der bei Instagram und Facebook aktiv ist, einen LinkedIn- und einen Xing-Account hat, Podcasts hört und ab und an auch Blogs liest und auch noch ziemlich viele Newsletter abonniert hat. Ich bin darum keine gute Hilfe auf der Suche nach dem richtigen Kanal. Oder deine Interview-Partner*innen geben dir völlig unterschiedliche Antworten – was dann?

Für welchen Kanal sollst du dich entscheiden, wenn deine Zielgruppe überall und nirgendwo unterwegs ist? Ich empfehle dir den, der dir am besten liegt und der strategisch gesehen der beste für dich ist. Und wenn deine Zielgruppe nichts gegen Instagram hat und dort sogar regelmäßig aktiv ist, dann kann es strategisch klug sein, mit diesem Kanal anzufangen.

Warum?

1. Instagram ist kostenlos.

Die Eröffnung eines Instagram-Accounts kostet dich nichts außer deiner E-Mail-Adresse, und auch das Posten ist völlig kostenfrei. Das ist für Business-Starter ohne großes Budget ein gutes Argument. Wo du bei einer Website, dem Aufbau einer E-Mail-Liste mit Ads und der Teilnahme an Messen und Veranstaltungen deiner Branche erst mal ordentlich Geld hinblättern müsstest, um sichtbar zu werden, bietet Instagram dir eine fertige Plattform, die du nur noch befüllen musst. Außerdem schenkt dir Instagram Reichweite (nach seinen Bedingungen), die du in anderen Medien, wie in den Printmedien, sehr teuer bezahlen müsstest.

2. Instagram bietet smarte Funktionen zum Community-Building.

Hast du dich schon mal gefragt, warum du bei manchen Accounts, denen du folgst, das Gefühl hast, du würdest sie schon ewig kennen? Warum du jeden Tag in deren Story hüpfst und Menschen Nachrichten schickst, die du im echten Leben noch nie getroffen hast? Das liegt einerseits an dem guten Content, den diese Accounts posten, und andererseits an den Funktionen, die Instagram bietet.

Wenn du als einzelne Person ein Coaching oder Dienstleistungs-Business gründest, dann ergibt es sehr viel Sinn, dir eine Personal Brand aufzubauen (Mehr dazu im Kapitel: Personal Brand oder Corporate Brand?). Für diese Art von Markenaufbau, die ein wenig dem von Influencern gleicht (bitte weiterlesen, ich komme noch dazu), ist Instagram gemacht. Im Grunde ist Instagram kein einzelner Kanal, sondern besteht aus mehreren Kanälen, die ineinandergreifen und sich ergänzen. So kannst du Content für diejenigen erstellen, die gerne dein Daily Business miterleben möchten (klassischerweise in den Stories) und Content für die, die gerne lange Feed-Posts lesen. Und für die, die lieber Videos schauen, bietet Instagram dir auch diese Möglichkeit an.

Das Beste: Diese große Auswahl spielt dir total in die Karten. Durch die smarte Nutzung all dieser Möglichkeiten kannst du ein breites Spektrum von dir zeigen: Deine lustige Seite in Reels, deine Expert*innen Seite in Feed-Posts, deine Unternehmer*innen-Seite in Stories und deine persönliche Seite in Lives. Den Mix kannst du natürlich selbst erstellen und variieren (Stichwort: Content-Strategie). Toll ist erst mal, dass du diese Optionen hast und sie dir viele Vorteile beim Aufbau deiner Community bringt.

Zusätzlich können deine Follower nicht nur deine Feed-Posts kommentieren oder über Direktnachrichten mit dir in Kontakt treten, sondern bekommen auch niedrigschwelligere Kontaktmöglichkeiten, wie Reactions, Likes, Story-Sticker, Reels-Sticker und das Angebot, in Lives direkt mit dir ins Gespräch zu kommen. Es war noch nie so einfach, in Kontakt mit der eigenen Zielgruppe zu kommen.

3. Instagram ist ein für dich vertrauter Kanal.
Instagram hat in Deutschland im Jahr 2022 32 Millionen Nutzer*innen[3] und die Wahrscheinlichkeit, dass du eine*r davon bist, ist relativ hoch. Das heißt, du kennst die Funktionen bereits, weißt, wo du was findest, weißt, wie andere Coach*innen, Mentor*innen und Dienstleister*innen diesen Kanal nutzen und hast deshalb auch eine Vorstellung davon, wie dein Content auf diesem Kanal aussehen könnte. Das gibt dir einen gewaltigen Vorsprung, denn du kannst ohne große Vorlaufzeit starten. Im Gegensatz dazu, hast du wahrscheinlich noch nie Ads genutzt, noch nie etwas auf TikTok gepostet oder LinkedIn für etwas anderes als zum Aktualisieren deines Lebenslaufs benutzt. Ganz abgesehen von einem Podcast oder Blog, bei denen du mit großer Sicherheit von Anfang an Unterstützung bräuchtest. Das muss nicht sein. Vor allem, wenn du vielleicht noch nicht hundertprozentig weißt, in welche Richtung es mit deinem Business gehen soll. Da ist es einfacher, mit einem kostenfreien Account zu starten, Erfahrungen zu sammeln, deine Zielgruppe kennenzulernen und dich dann, wenn ein Kanal läuft, einem anderen zuzuwenden und deine Marketingaktivitäten mit dir wachsen zu lassen.

Ich hatte auch nicht von Anfang an mehrere Marketingkanäle.

Los ging es mit Instagram, dann kam E-Mail-Marketing dazu, das ich aber eher zur Kundenbindung und für das Onboarding, als zur Akquise nutze. Im Herbst 2021 ging dann mein Podcast ALL THE BUSINESS LADIES online und erst 2022 habe ich die ersten Versuche mit Ads gemacht.

4. Die Zielgruppe auf Instagram hat eine große Kaufkraft
Während ich dieses Kapitel schreibe, stecke ich mitten in meinem Launch zu HAPPY SALES. Ich gebe darin weiter, was ich in den vergangenen eineinhalb Jahren gelernt habe und wie der Verkauf von Coachings über Instagram funktioniert.

Auf Instagram habe ich mir eine Community aufgebaut, halte Kontakt zu Interessentinnen und über Instagram verkaufe ich meine 1:1-Coachings, Programme, Plätze in meiner Membership und Masterclasses. Jeder einzelne Euro, den ich bisher in meinem Business verdient habe, ist auf Instagram zurückzuführen.

Ich weiß, es gibt viele Gegner dieses Systems: „Instagram ist nicht nachhaltig. Du bist immer abhängig vom Algorithmus. Was, wenn du gehackt wirst oder Instagram dich abstraft?" Das kann theoretisch natürlich immer passieren. Dank Zwei-Faktor-Authentifizierung ist dein Konto vor Hackern aber relativ gut geschützt.

Zu dem Algorithmus-Thema möchte ich den Mann einer ehemaligen Mentorin zitieren, der als sie darüber gemeckert hat, dass der Instagram-Algorithmus sich gegen sie verschworen habe, geantwortet hat: „You are not that special." Dieses Zitat nutze ich immer allen gegenüber, die behaupten, der Instagram -Algorithmus würde sie hassen und ihren Content mit Absicht nicht ausspielen.
„You are not that special." Der Algorithmus interessiert sich einfach nicht genug für dich, um dich absichtlich abzustrafen. Der Grund, warum du keine Reichweiten erzielst und keiner deine Posts kommentiert, ist, dass dein Content einfach langweilig ist. Es interessiert sich einfach niemand für das, was du zu erzählen hast.

Das klingt extrem hart, ich weiß, aber es hilft dir ja nichts, wenn ich dir Honig um den Mund schmiere. Wenn niemand auf deinen Content reagiert, du keine Follower gewinnst und deine Views extrem niedrig sind, liegt das sehr wahrscheinlich daran, dass diejenigen, die deinen Content ausgespielt bekommen, nicht damit interagiert haben.

Der Algorithmus funktioniert vereinfacht gesagt nämlich so: Er spielt einen neuen Post, eine neue Story, ein Reel an eine kleine Gruppe Menschen aus und testet die Reaktion. Wenn damit direkt viel interagiert wird, wird dein Content an weitere Accounts ausgespielt. Interagiert davon auch wieder ein großer Anteil, dann wird er wieder an mehr Accounts ausgespielt und so weiter und so fort. Im Umkehrschluss heißt das aber: Wenn niemand mit deinem Content interagiert, wird er nur für wenige Menschen ausgespielt. Was nicht ausgespielt wird, wird von niemandem gesehen – und was nicht gesehen wird, wird auch nicht gelikt, kommentiert oder gespeichert. Ein Teufelskreis.

Das heißt für dich und deine Content-Erstellung, dass du dich darauf konzentrieren musst, guten Content zu erstellen, der eine schnelle Reaktion deiner Zielgruppe provoziert: Ein schnelles Like, ein Kommentar oder eine Speicherung oder im Falle einer Story eine Abstimmung bei einer Umfrage oder eine Quick Reaction. Das sind die Währungen des Instagram-Algorithmus.

Außerdem sagt ja niemand, dass du für immer bei Instagram als einzigem Kanal bleiben musst. Im Gegenteil. Es ergibt mit der Zeit auf jeden Fall Sinn, sich eine E-Mail-Liste aufzubauen und somit eine eigene Kund*innenkartei, die nur dir gehört. Allerdings müssen die Kontakte dafür irgendwo herkommen und aufgewärmt werden. Ein Community-Aufbau muss also auch im E-Mail-Marketing stattfinden. Natürlich könntest du direkt mit Werbeanzeigen einsteigen und darüber eine Liste aufbauen, aber dafür ist es immer sinnvoll, bereits ein Profil zu haben, bei dem die Menschen, die deine Anzeigen sehen sich über dich informieren können. Außerdem sparst du bei Anzeigen eine Menge Geld, wenn du weißt, was deine Zielgruppe interessiert und worauf sie anspringt.

Das lernst du nur, wenn du Themen und Formate auf Instagram (oder einer anderen Plattform) testest.

Generell gilt: Keine Plattform und keine Strategie wird dich von Tag eins an reich machen. Alle haben ihre Vor- und Nachteile. Wähle den Kanal und die Strategie aus, die für dich und deine Zielgruppe am einfachsten und angenehmsten ist und baue dann aus, wenn du mit der Content-Erstellung für diesen Kanal gut zurechtkommst.

Für mich war Instagram als Hauptkanal die richtige Entscheidung. Ich liebe die Austauschmöglichkeiten, bin ein großer Fan von Stories und Lives, liebe es aber auch, Posts zu schreiben oder mich in Reels zum Affen zu machen. Das ist nicht für jede*n etwas und das ist okay so.

Ich habe irgendwann beschlossen, auf Instagram Spaß zu haben und einfach darüber hinwegzusehen, was andere von mir denken könnten. So wurden Reels für mich zum Spaß und Stories zu meiner täglichen Daily Soap, die mir die Möglichkeit gibt, mit meinen Follower*innen in Kontakt zu bleiben.

Wenn du nicht der Typ für Stories bist, dich ungerne in Videos zeigst und Lives deine persönliche Horrorvorstellung sind, dann ist Instagram vielleicht einfach nicht der richtige Social-Media-Kanal für dich. Schau dich um, was besser zu dir passen könnte und wähle die Marketingmöglichkeit, die sich für dich richtig und gut anfühlt.

So sieht das perfekte Insta-Profil aus

Als ich als Instagram Coach gestartet bin, war eines meiner ersten Angebote der Instagram-Profil-Check. Über Wochen habe ich jeden Tag mehrere Profile überprüft, besprochen, Verbesserungsvorschläge gemacht und nach den Meetings schriftliche Zusammenfassungen versendet. In meinem früheren Job als Online-Marketing-Managerin habe ich öfter Feedbacks zu Instagram-Feeds gegeben. Meistens bekam ich Vorschlägen von Agenturen für Instagram-Feeds einer unserer neuen Marken, für die wir einen neuen Account aufbauen wollten. Der Unterschied zu meiner damaligen Arbeit und den Profil-Feedbacks für Coaches und Dienstleister*innen war trotzdem enorm, denn die Agenturen hatten von mir ein ausführliches Briefing zur Positionierung der Marke, inklusive erster Texte und Bilder, erhalten. Sie wussten, wofür die Marke stehen sollte, wen das Produkt ansprechen und welches Gefühl der Account übermitteln sollte. Die Interpretation war dann oft nicht die, die ich mir erhofft hatte, aber immerhin stimmte die Intention, das vorgegebene Branding und die Bildsprache.

Bei Coach*innen und Dienstleister*innen fehlen diese Grundlagen oft komplett, wenn man mal von einer einheitlichen Farbwahl absieht. Es liegt in den wenigsten Fällen bereits ein Branding vor, die Zielgruppe wird oft eher schwammig angesprochen und es fehlt ein Bewusstsein darüber, was mit dem Account übermittelt werden soll. Dadurch wird oft viel ausprobiert, die Bio in regelmäßigen Abständen geändert und das Profilbild ausgetauscht, sobald ein neues, besseres Selfie entstanden ist. Zu guter Letzt wird dann noch regelmäßig mit den Farben und Schriften im Feed gespielt.

Ich weiß, das ist alles keine Absicht. Ich verstehe gut, das solche Dinge durch Unwissenheit und Unsicherheit entstehen und nicht, um die Insta-Coaches dieses Welt zu verärgern. Aber es kann deinem Profil und damit auch deinem Business schaden, wenn dein Profil unklar, wechselhaft und unübersichtlich wirkt. Zudem gehen deine wertvollen Inhalte unter, wenn sie grafisch nicht gut aufbereitet sind und deine Profil-Besucher sich deshalb gar nicht erst die Mühe machen, deine Posts zu lesen.

Dabei kannst du dein Profil mit ein paar Tipps und Tricks schnell einheitlicher und übersichtlicher wirken lassen.

Dein Benutzername

Die erste Entscheidung, die du zu deinem Instagram-Profil treffen musst, ist der Name deines Accounts, bei Instagram „Benutzername“ genannt. Je nachdem, ob du dich für einen Markennamen oder deinen eigenen Namen und somit für eine

Corporate oder eine Personal Brand entschieden hast, ist es sinnvoll, für dein Profil deinen Markennamen oder deinen eigenen Namen zu verwenden. Dein Benutzername muss ein zusammenhängender Name ohne Leerzeichen sein und darf so nicht schon bei Instagram vorhanden sein.

Sollte dein Name schon vergeben sein, kannst du Binde- oder Unterstriche nutzen, um deinen Vor- und Nachnamen zu verbinden und eine andere Version des Benutzernamens zu erstellen. Verzichte auf Zahlenkombinationen und zu komplizierte Variationen, da diese unprofessionell wirken und sich deine Follower*innen deinen Namen so schwerer merken.

Steht dein Accountname, kannst du dich um dein Profilbild kümmern.

Dein Profilbild

Lege ein Profilbild fest, das dich von vorne zeigt und freundlich wirkt. Achte darauf, dass dein Gesicht nicht zu klein ist und man dich erkennen kann. Alle Bilder, die du zukünftig postest, werden von deinen Followern im Kopf zuerst mit den von dir bekannten Bildern abgeglichen, um eine Verbindung herzustellen. Wenn du auf deinem Profilbild nicht zu erkennen bist oder ein künstlerisches Bild von der Seite gewählt hast, dann wird es schwierig mit dem Wiedererkennungswert.

Es muss übrigens kein Bild von einer/m Fotograf*in sein und vor allem kein biometrisches Passbild. Je nach Branche und Markenidentität ist auch ein typisches Bewerbungsbild zu steif. Nichtsdestotrotz ist dein Profilbild das Aushängeschild deines Business-Accounts, deshalb würde ich von Urlaubs- und Bikinifotos abraten.

Wenn du deine Markenfarben bereits gefunden hast und der Hintergrund deines Profilbilds nicht passt oder zu unruhig wirkt, dann kannst du es auch freistellen, also den Hintergrund entfernen, und durch deine Markenfarbe ersetzen. Das gibt deinem Account direkt einen einheitlichen Look, weil dein Profilbild sich mit den Highlight-Covern und den Farben im Feed deckt.

Deine Profilbeschreibung

Dann geht es an deinen Namen und die Profilbeschreibung. Der zweite Name, den du angeben kannst, ist der, der unter deinem Bild über deiner Profilbeschreibung angezeigt wird. Aktuell hast du dafür unbegrenzte Zeichen. Bevor du diesen Namen einträgst, beachte bitte, dass dieser angezeigt wird, wenn jemand eine Nachricht von dir erhält und die Begriffe in der Instagram-Suche gefunden werden.

Aus diesem Grund empfehle ich hier immer den eigenen Vornamen (solltest du eine Personal Brand aufbauen wollen) und deine Profession hier einzutragen. So sind dein Name und deine Berufsbezeichnung über die Suche auffindbar und dein Vorname prägt sich bei deinen Follower*innen schneller ein. Das klingt vielleicht total banal, aber ich komme immer wieder auf Profile, bei denen ich nach einem Vornamen suchen muss oder bekomme Nachrichten von Accounts und weiß nicht einmal, wie die Person heißt, von der die Nachricht kommt.

In der Profilbeschreibung hast du Platz zu erklären, was du machst und für wen. Ich finde es ganz wichtig, dir hier wirklich Gedanken zu machen und verschiedene Varianten aufzuschreiben. Teste diese bei deinen Freund*innen und, wenn möglich, bei der zukünftigen Zielgruppe.

Die wichtigsten drei Fragen, die deine Profilbeschreibung oder auch Bio genannt, beantworten muss, sind die folgenden:

- Wem hilfst du?
- Womit oder wobei?
- Wo finde ich weitere Informationen?

Wie du diese drei Fragen beantwortest, ist im Grunde egal. Manche schreiben einen ganzen Satz, manche sind Fans von Stichpunkten. Manche nutzen einen Claim, der ihre Marke zusammenfasst, andere zählen knapp auf, was sie anbieten.

Bevor du jetzt aber deine kompletten Ausbildungen aufzählst und als Zielgruppe „Frauen“ in deine Bio schreibst, überlege dir bitte, was deine Wunschkund*innen wirklich wollen und ob es für sie relevant ist, wie sie ihr Ziel erreichen. Das kann von Zielgruppe zu Zielgruppe anders sein. Den meisten gestressten Müttern wird es nämlich wahrscheinlich egal sein, ob sie über Breathwork, Yoga oder Meditation in die Entspannung kommen, Hauptsache, sie können mal wieder runterfahren. In dem Fall ist es nicht nötig, deine Methode in der Bio zu beschreiben.

Beispiel: „Vergiss Alltagsstress und Kindergeschrei und genieße eine Mini-Auszeit nur für dich.“

Arbeitest du aber mit eingefleischten Breathwork-Fans, die Breathwork als die einzige Methode zum Abbau von Stress anerkennen und die nach der nächsten Expertin für eine fortgeschrittene Atemtechnik suchen, dann ist es notwendig, dass du Breathwork und vielleicht auch diese bestimmte Form in deiner Bio erwähnst.

Beispiel: „Durch Breathwork …“

Die meisten Unternehmerinnen haben zu Beginn der Selbstständigkeit und wenn sie ihren Instagram-Account erstellen, noch keine Website. Diese brauchst du meiner Erfahrung nach auch erst mal nicht.

Dein Link

Was du jedoch unbedingt brauchst, ist Rechtssicherheit, wenn du dein Profil als Unternehmer*in nutzen möchtest. Am besten informierst du dich bei einem Rechtsbeistand darüber, welche Informationen von deinem Business-Profil aus zugänglich sein müssen und auf welche Weise. Wenn du trotzdem weiterführende Informationen zu dir und deiner Arbeit verlinken möchtest und dir eine Übergangslösung wünschst, kannst du über Canva einen One-Pager erstellen und in deiner Profilbeschreibung verlinken. Das ist eine tolle Möglichkeit, um weiterführende Informationen zu geben, Angebote anzukündigen und ein Impressum unterzubringen – und das Ganze ist innerhalb eines Nachmittags erstellt.

Alternativ kannst du auch ein als Flyer gestaltetes PDF-Dokument bei Google Drive hochladen und dann in der Instagram-Bio verlinken. Das wirkt deutlich professioneller, als einfach nur von einem Produkt zu sprechen oder einzig auf einen Post oder ein Highlight zurückzugreifen, gerade wenn du ein hochpreisiges Produkt an eine konservative Zielgruppe verkaufen willst. Deine potenziellen Kund*innen brauchen eine gewisse Sicherheit. Sie wollen sehen, dass es das Produkt wirklich gibt und was sich genau dahinter verbirgt.

Wenn du Elopage oder eine andere Plattform für deine Kurse

verwendest, kannst du auch direkt darauf verlinken. Mittlerweile gibt es dort richtige Shopvorlagen, die du als Website-Ersatz nutzen und schnell erstellen kannst. Ich kenne einige Unternehmerinnen, die so gestartet sind.
Wichtig bei diesen beiden Lösungen ist, dass du sie auf Datenschutzkonformität überprüfst und sie als schnelle Lösung erkennst und umsetzt. Wenn du monatelang an einer Canva-Seite rumbastelst, kannst du genauso gut eine richtige Website erstellen. Ziel dieser Übergangsmethode ist es, dir Zeit zu sparen und weitere Informationen für interessierte Follower*innen zur Verfügung zu stellen.

Dein Kontakt

Wenn du ein Unternehmensprofil bei Instagram hast, was ich dir unbedingt empfehle, kannst du weitere Kontaktoptionen und sogenannte Action Buttons hinzufügen. Biete unbedingt die Möglichkeit an, dich über E-Mail, WhatsApp oder Telefon erreichen zu können. Mit den Action Buttons kannst du Instagram mit Shop- oder Kalender-Systemen verbinden. Calendly, das Tool, das die meisten Coaches nutzen, wird aber leider noch nicht angeboten, weshalb die Action-Buttons für die meisten Coaches und Dienstleister-*innen nicht hilfreich sind. Aber wer weiß, welche Optionen noch kommen.

Deine Highlights

Wenn dein Profil steht, wird es Zeit, dir zu überlegen, welche

Highlights du erstellen möchtest. Highlights sind Sammlungen aus abgespeicherten Stories und können, wenn sie richtig aufgesetzt sind, ganze Geschichten aus bis zu hundert Story-Slides erzählen. Beachte, dass sie immer chronologisch sortiert sind, du also die Reihenfolge der Slides im Nachhinein nicht mehr ändern kannst. Du kannst jederzeit auch Stories aus deinem Archiv in einem Highlight abspeichern oder Slides aus einem Highlight löschen (zum Beispiel, wenn ein Preis abläuft oder ein Angebot nicht mehr aktuell ist). Die Anzahl deiner Highlights ist nicht begrenzt, allerdings werden nur die ersten vier bis fünf vorn in deinem Profil angezeigt. Für alle weiteren muss gescrollt werden.

Ich empfehle, ein Highlight zu dir und deiner Geschichte zu erstellen. Das kannst du ABOUT ME, Über mich, Starte hier oder ähnlich nennen. Dieses Highlight sollte immer aktuell und als eines der ersten Highlights zu finden sein. Du kannst dich entscheiden, ob du deine aktuellen Angebote oder die Arten, wie man mit dir zusammenarbeiten kann, darin aufnehmen möchtest oder ob du dazu lieber ein weiteres Highlight starten möchtest.

Solltest du dich für ein separates Highlight entscheiden, dann kannst du es Angebote, Work with me oder Zusammenarbeit nennen. Auch hier gilt: Achte darauf, dass dieses Highlight immer aktuell ist. Ich habe mal ein altes 1:1-Angebot in meinen Highlights vergessen und wurde dafür angefragt. Natürlich hat die Kundin das alte Angebot mit dem günstigeren Preis noch bekommen, also mach nicht denselben Fehler.

Zusätzlich empfehle ich ein Highlight mit Kund*innenfeedbacks, wenn du schon welche hast. Falls nicht, solltest du dringend anfangen, Feedbacks einzuholen oder mit Testimonials zu arbeiten, die bereit sind, dir eine Rückmeldung zu eurer Zusammenarbeit zu geben.

Mit diesen Highlights bist du schon mal gut aufgestellt. Zusätzlich erstelle ich immer welche für jedes Produkt in jedem Launch und aktualisiere das zu meinem 1:1-Programm regelmäßig.

Solltest du weitere Kanäle bespielen, wie einen Podcast oder einen Blog, bietet es sich an, diese in einem eigenen Highlight zu bewerben. Und wenn es ein bestimmtes Thema gibt, wofür sich deine Follower*innen besonders interessieren, kannst du auch dafür ein Highlight anlegen.

Achte darauf, dass die wichtigsten Highlights immer vorne in deinem Profil angezeigt werden. Die wichtigsten sind aus meiner Sicht immer das Starte hier Highlight, gefolgt von deinem aktuellen Produkt und deinen gesammelten Angeboten. Diese sollten immer auf den ersten Blick auffindbar sein. Alle anderen werden schon gefunden, wenn sich jemand dafür interessiert. Glaub mir, ich wundere mich sehr oft, auf welche Highlights ich angesprochen werde.

Die Highlights sind, genauso wie dein Feed, eine Never-ending-Story – du wirst immer wieder daran arbeiten und Dinge verändern und aktualisieren müssen. Behandle beides wie deine Visitenkarte: Halte sie immer aktuell und überprüfe regelmäßig, ob alle Infos noch korrekt sind, um unangenehme Situationen zu vermeiden.

Dein Feed

Bei einem Profil-Check schaue ich mir im letzten Schritt den Feed an. Kann ich anhand der letzten drei bis sechs Posts verstehen, worum es auf dem Account geht? Schau am besten direkt mal auf dein Profil: Wie viele Posts siehst du, ohne zu scrollen, und was kannst du in den ersten drei Sekunden aufnehmen, wenn du dir diese Posts anschaust? Passen diese Themen zu deinem Expertenthema? Wird aus diesen Posts klar, wofür du stehst? Nein? Dann solltest du in Zukunft strategischer posten.

Die meisten Menschen, die auf dein Profil kommen, geben dir nur wenige Sekunden Zeit, sie zu überzeugen. Sie überfliegen deine Bio, schauen sich die obersten Posts an – das sind ohne zu scrollen die obersten drei, mit ein bisschen scrollen die obersten neun – dann entscheiden sie schon, ob sie weiterschauen möchten oder nicht.

Wenn die Texte auf deinen Posts schlecht lesbar sind, werden die Menschen sich wahrscheinlich nicht die Mühe machen, auf einen der Posts zu klicken, um ihn zu vergrößern. Und wenn auf deinem Profil Chaos herrscht und sie kein passendes Expert*innenthema ausmachen können, werden deine Besucher*innen wahrscheinlich auch abspringen. Das gilt auch, wenn dein Account grafisch zusammengewürfelt ist oder eher wie ein Hobby-Account oder Blog aussieht. Deshalb schau dir deinen Account mal ganz neutral an: Würdest du dir folgen?

Sollte die Antwort „nein“ lauten, dann geh das Kapitel noch mal von vorn bis hinten durch und mach die notwendige Grundlagenarbeit: Archiviere Posts, die nicht zu deinem Expertenthema passen, und erstelle strategisch neue Posts, die zeigen, welche Arbeit du machst und für wen.

Ohne Community keine Competition

Was hättest du lieber: Zehntausend Follower oder eine Community aus hundert treuen Fans? Ich entscheide mich für die hundert treuen Fans.

Warum? Weil ich bei diesen hundert treuen Fans weiß, dass sie mich und mein Thema kennen, mir folgen, weil sie meine Arbeit und meinen Content mögen und weil sie wahrscheinlich kaufbereit sind. Das kann ich von den zehntausend Follower*innen nicht sagen.

Follower*innen sammeln ist gar nicht schwer. Guck dir mal die ganzen Memes- und Zitat-Accounts auf Instagram an. Die haben alle unendlich viele Follower*innen. Ob sie Geld damit verdienen? Nein. Warum?

1. Weil diese Accounts generisch und austauschbar sind. Ob das Meme jetzt von Account X oder Y erstellt und geteilt wurde, ist egal. Hauptsache lustig.

2. Weil man keine persönliche Bindung zu dem Account hat. Meme-Accounts werden meist anonym geführt. In den wenigsten Fällen sieht man eine Person, die dazugehört, sich persönlich äußert, ansprechbar wäre oder zu der man eine Bezie-

hung aufbauen könnte. Ist vielleicht auch besser so, denn diese Accounts sind oft ziemlich provokant.

3. Meme-Accounts lösen keine Probleme. Sie unterhalten oberflächlich, aber sie haben keinen tieferen Sinn. Man lernt nichts, man lässt sich einfach nur berieseln. Auch das führt dazu, dass der Inhalt zwar immer mal wieder in den eigenen Feed gespült wird, aber wir warten eher selten wirklich darauf oder suchen danach.

4. Sie haben keine passenden Produkte zu ihrem Content. Was wollen sie auch verkaufen? Die Memes auf ein T-Shirt gedruckt? Geht nicht, weil die Bildrechte ihnen nicht gehören. Also bleiben nur Kooperationen, aber welcher Partner möchte sich mit so einem Account die Finger verbrennen? Man weiß ja nie, welches provokative Thema als Nächstes folgt.

Und so geht es nicht nur Meme-Accounts. Ich habe auch einige Kundinnen, die, als sie zu mir kamen, bereits einen Account mit über eintausend Follower*innen hatten. Ein gute Basis. Trotz der vielen Follower*innen hatten sie aber Probleme, ihre Produkte zu verkaufen, und bekamen kaum Rückmeldung auf ihre Posts und Stories. Eine dieser Kundinnen war Sabrina. Sabrina ist Life-Coach mit über eintausendvierhundert Followern. Ihr Thema: Karrierecoaching. Raus aus dem Hamsterrad – rein in eine Jobkonstellation, die dir wirklich gefällt. Ihr Problem? Sie verkaufte so gut wie gar nichts und ihre Follower*innen waren sehr zurückhaltend. Auf ihre Posts antworteten nur Freund*innen und Mitbewerber*innen, auf Story-Sticker kaum jemand und ihre Story-Views gingen nur dann nach oben, wenn sie etwas aus ihrem Privatleben zeigte: Urlaube, Reisen, Konzerte. Das sind natürlich nicht die besten Voraussetzungen für ein erfolgreiches Business. Von Umsätzen, die ausreichen, um eine ganze Familie zu ernähren, mal ganz zu schweigen.

In solchen Fällen fange ich erstmal mit einer Ist-Analyse an. Gemeinsam schauten wir uns Sabrinas Insights ganz genau an. Welche Posts kamen gut an, welche nicht? Mit welchen Posts hatte sie den größten Follower-Zuwachs erreicht und wann die meisten Kommentare? Und zu guter Letzt ließ ich sie eine Woche lang einen Lead-Tracker führen. Ein Lead-Tracker ist ein Dokument, in dem aufgezeichnet wird, wer, wann auf welchen Post, welche Story, welche Umfrage reagiert hat. Wer an Umfragen teilnimmt, wer Nachrichten geschrieben und wer kommentiert hat. Klingt aufwendig? Ist es auch. Aber es gibt einen sehr guten Überblick darüber, wer sich regelmäßig für deinen Content interessiert und potenzielle*r Kund*in sein könnte.

Bei Sabrina fiel uns sehr schnell auf, dass mit ihrem Content hauptsächlich zwei Gruppen interagierten: 1. ihre Freunde

und Familie und 2. andere Coaches und Mitbewerber*innen. Von potenziellen Kund*innen fehlte leider jede Spur.
Natürlich wünsche ich mir ein anderes Ergebnis für meine Kund*innen, aber um bessere Resultate zu erzielen, muss ich wissen, wo ein Account steht und welche Probleme es gibt. Erst dann kann ich ansetzen und etwas verändern. Und das taten wir. Zuerst konzentrierten wir uns auf eine Schärfung ihrer Positionierung: Wen möchte sie ansprechen und welche Probleme hat dieser Mensch?

Für diesen Kund*innenavatar erstellten wir dann Content – und zwar nur für diesen Kund*innenavatar. Zuerst konzentrierten wir uns auf Reels, Expert*innen-Posts und Grafiken. Dieser neue geschärfte Content half dabei, neue potenzielle Kund*innen auf ihren Account zu ziehen. Im zweiten Schritt entwickelten wir Story-Formate für die bestehende Community: Mini-Trainings, Stories zum Verbindungsaufbau und Stories, die Problem- und Lösungsbewusstsein schafften. Mit diesen Stories füllten wir ihre Highlights, sodass neue Follower direkt etwas zu sehen hatten und Sabrina und ihre Arbeit kennenlernen konnten.

Parallel starteten wir mit dem Community-Aufbau. Wir entwickelten wiederkehrende Content-Formate für Feed und Stories, die ihre Community zum Austausch anregten und Sabrina die Möglichkeit gaben, mit ihren Follower*innen in Kontakt

zu treten. Das funktioniert nicht mit generischen Themen ohne Persönlichkeit.
Beobachte mal, worauf du in der Masse an Posts und Stories, durch die du jeden Tag scrollst, am ehesten reagierst. Das sind meistens Dinge, die dich persönlich ansprechen und emotional berühren. Klar, speicherst du wahrscheinlich auch mal einen Post ab, aus dem du viel gelernt hast, und natürlich suchen wir alle immer nach neuem Wissen. Aber meistens sind es Posts, die aus der Masse herausstechen, die eine Erfahrung beschreiben, eine Geschichte erzählen oder eine starke Meinung zeigen, die uns zu wahren Fans machen.

Community-Aufbau ist Beziehungsaufbau, und so solltest du ihn auch behandeln: Erzählst du jemandem, den du neu kennengelernt hast, direkt von deinen Problemen? Nein. Du stellst dich erst mal vor, erzählst, was du machst, welche Hobbys du hast und wofür du dich interessierst. Oberflächlich. So geht es deiner Community auch: Die wenigstens werden dir ihr monatliches Brutto-Gehalt in deinen Fragensticker schreiben, nachdem sie dich gerade mal drei Tage kennen. Genauso wenig werden sie dir erzählen, warum sie dir folgen, welche Herausforderungen sie gerade in ihrem Business überwinden müssen und was ihre nächsten großen Ziele sind. Es sei denn, du investierst zuerst. Zeigst du deine Ziele, sprichst über deine Business Fails und deine aktuellen Herausforderungen, wird das auch deinen Follower*innen leichter fallen.

Und dann gibt es da noch Themen, die generell leichter für den Gesprächseinstieg sind, nämlich niedrigschwellige persönliche Themen: Die wenigsten werden ein Problem damit haben, dir zu verraten, ob sie lieber Kaffee oder Tee trinken. Das ist doch schon mal ein Anfang, oder?

Wenn du mir auf Instagram folgst, hast du dich sicher schon einmal gefragt, warum ich jede Woche in meiner Instagram Story frage, wie das Wochenende war oder wie du in die Woche gestartet bist.
Mir wurde schon von Coaches gesagt, das wäre langweilig und ich solle die Frage mal variieren. In Wirklichkeit ist diese Frage am Wochenanfang für mich aber ein Konversationsstarter. Jede Woche nehmen um die fünfzig meiner Follower an dieser Umfrage teil (mal mehr und mal weniger) und jede Woche schaue ich, wie die Antworten aussehen, schreibe einige der Teilnehmenden an und beginne ein Gespräch.

Du hast abgestimmt, dass dein Wochenende blöd war? Dann frage ich nach, was daran denn so blöd war und wünsche dir einen besseren Start in die neue Woche. Du hast abgestimmt, dass dein Wochenstart toll war? Dann schreibe ich dir, dass ich hoffe, dass du diese Energie sich durch die ganze Woche zieht. Dabei gibt es kein Copy-and-Paste.

Ich kenne viele der Abstimmenden und habe mit den meisten

schon geschrieben. Ich weiß, dass die eine gerade Mutter geworden ist und deshalb wenig schläft und die andere gerade mitten im Umzug steckt und deshalb jedes Wochenende renoviert. Wieder eine andere hat den Betreuungsplatz für ihre Tochter verloren und wuppt jetzt Business und Kinderbetreuung auf einmal. Ja, ich kenne die Menschen, die mir folgen, und ich rede mit ihnen über sehr viele Dinge, die nichts mit ihrem Business zu tun haben. Warum? Weil es mich interessiert. Es interessiert mich wirklich. Ich will wissen, wie das Leben meiner Zielgruppe aussieht. Natürlich hilft mir das extrem dabei, sie zu verstehen, Content zu entwickeln und noch besseres Marketing zu machen, keine Frage. Zum anderen bin ich ja auch Mentorin geworden, weil es meine Leidenschaft ist, anderen Menschen und vor allem Frauen zu helfen – und da ist es sehr von Vorteil, wenn ich weiß, wobei Hilfe gebraucht wird. Und ganz nebenbei mag ich die Frauen in meiner Community und vor allem meine Kund*innen und ehemaligen Kund*innen sehr. Zu sehr vielen pflege ich ein freundschaftliches Verhältnis und bei jeder Einzelnen freue ich mich tierisch, wenn ich eine Nachricht erhalte.

Jetzt sind diese Fragen, die ich am Anfang der Woche stelle, immer eher privat und logischerweise bekomme ich eher private Antworten. Aber wenn die Beziehung mal da ist, nehmen diese Follower-*innen auch an Umfragen zu ihrem Business teil, stellen mir Fragen im Fragesticker und schicken mir

Nachrichten, wenn sie in ihrem Business nicht weiterkommen. Weil sie mir vertrauen. Weil sie wissen, dass ich ihnen nichts andrehe, wenn sie an einer Abstimmung teilnehmen und weil sie darauf vertrauen, dass ich, was sie mit mir teilen, nicht gegen sie verwende.

Ich weiß, dass das nach viel Arbeit klingt. Das ist es auch. Deshalb wäge ich immer ab, wie viele Umfragen ich starte und wem ich von den Antwortenden wirklich schreibe. Es gibt auch Wochen und Monate, in denen ich mich gar nicht auf den Community-Aufbau konzentriere, was okay ist, wenn einmal eine Grundlage da ist. Es fängt auch nicht jedes Gespräch mit einer Umfrage an.

Es ist nicht so, dass ich mit jeder Kundin zu Beginn eine Brieffreundschaft auf Instagram hatte. Manche sehen mich in einem Live mit einer Kollegin, klicken danach auf mein Profil und buchen.

Andere folgen mir monatelang, ohne auch nur einmal auf eine Umfrage reagiert zu haben und buchen trotzdem. Dann gibt es die, mit denen ich jahrelang schreibe und die bis heute noch keine Kundinnen geworden sind. Auch das ist okay, denn ich habe nette Gespräche mit ihnen, sie teilen meine Posts und sie empfehlen mich an ihre Freundinnen weiter. Alles Dinge, die für mich und mein Business Gold wert sind.

Ob dieses verbindungsorientierte Marketing für dich und dein Business das Richtige ist, kann ich dir nicht sagen. Das hängt davon ab, wo du gerade stehst und was bei dir gerade Priorität hat und wie du dein Business führen möchtest. Aus meiner Erfahrung heraus sind aber besonders Business-Starter gut damit bedient, sich eine enge Community aufzubauen und im Austausch mit ihr zu lernen. Außerdem ist das doch der Teil, der an Social Media wirklich Spaß macht.

Kalte Kontakte

Stell dir den Weg, den deine Follower*innen in deiner Welt gehen, wie einen Trichter[5] vor. Oben kommen möglichst viele Menschen rein. Menschen, die dich auf unterschiedlichen Wegen finden, irgendwo in einer Story mal eine Verlinkung von dir sehen, dir in einem Podcast begegnen, einen Post von dir unter einen Hashtag finden oder beim Googeln auf deine Website stoßen. Diese Menschen kennen dich nicht. Sie wissen nicht, wie du aussieht, was du machst und interessieren sich vielleicht auch gar nicht für dein Thema. Sie sind kalte Kontakte. Eines deiner ersten Ziele im Community-Aufbau sollte es sein, möglichst viele kalte Kontakte zu erreichen und deine Reichweite kontinuierlich zu erhöhen.

Aber Reichweite ist nicht alles, denn nicht jeder dieser kalten Kontakte wird in deiner Welt bleiben. Manche sehen einmal ein Reel von dir und begegnen dir dann nie wieder. Aber die,

die bleiben, dir folgen, entscheiden sich dafür meistens mit einem Blick auf dein Profil oder in deine Story. Sind die Themen, für die du stehst, in deinem Profil direkt zu erkennen? Ist deine Profilbeschreibung eingängig und eindeutig? Kann ich in deinen Highlights direkt etwas über dich und deine Arbeit erfahren und helfen mir die Grafiken auf deinem Profil direkt zu erkennen, worum es in den einzelnen Posts geht? Wenn ja, ist die Chance ziemlich hoch, dass relevante Kontakte dir folgen und durch dein Profil stöbern.

Für diese Kontakte ist es wichtig, Content auf deinem Profil zu haben, der zeigt, wer du bist, deinen Expert*innenstatus für dein Expert*innenthema aufzeigt und ihnen dabei hilft, schnell eine Beziehung zu dir aufzubauen. Dazu brauchst du Posts mit einer starken Meinung, Posts, in denen du von deiner eigenen Geschichte erzählst, und natürlich Expert*innen-Posts.

Ich spreche hier immer nur von Posts, aber natürlich kannst du diese Inhalte auch in Reels, Stories und Lives verpacken und die wichtigsten Infos über dich in einem Highlight abspeichern. Gerade About-me-Highlights werden immer gerne geguckt und bieten dir die Möglichkeit dich und deine Arbeit und deine wichtigsten Experten- und Über-mich-Posts in einer Zusammenfassung zu präsentieren. Plane diese Highlights in deine Story-Erstellung unbedingt mit ein, damit du immer wieder Material hast, um dein About-Me-Highlight zu füttern und aktuell zu halten.

Warme Kontakte

Follower*innen, die wissen, wer du bist, dir folgen, deine Posts lesen, vielleicht das ein oder andere Highlight bingen, bei Abstimmungen in deiner Story mitmachen und ab und an mal einen Kommentar oder eine Nachricht schreiben, sind warme Kontakte. Sie kannst du schon mal fest zu deiner Community zählen.

Wenn wir bei dem Bild des Trichters bleiben, dann sind warme Kund*innen im Trichter eine Stufe weiter runtergerutscht und, wie du auf dem Bild erkennen kannst, ist dort weniger Platz. Nicht alle deine Kontakte werden zu Follower*innen und nicht alle Follower*innen würde ich als warm bezeichnen, was unter anderem daran liegen kann, dass dir viele Menschen folgen, aber manche seit Wochen keinen deiner Posts mehr gesehen haben. Das kann mit dem besten Content passieren, wenn sich Menschen einfach nicht mehr für dein Thema interessieren, lange nicht mehr mit dir interagiert haben, weil sie eine Insta-Pause hatten oder weil sie nicht mehr so regelmäßig Content konsumieren, wie früher.

Nun hast du also die ersten Follower*innen, die sich für dich und dein Thema interessieren und wissen, wer du bist. Das ist eine gute Sache, aber noch sind sie nicht unbedingt kaufbereit. Oder überleg mal, welchen Coaches und Dienstleister*innen du gerne folgst und bei welchen du davon wirklich kaufen würdest. Es sind wahrscheinlich nicht so viele.

Heiße Kontakte

Wirklich heiß für dein Thema werden Follower*innen, wenn sie das Gefühl haben, dass du ihnen aus der Seele sprichst. Wenn du ihre Probleme erkennst und ansprichst und ihnen zeigst, dass du eine Lösung dafür hast. Wenn sie dann gleichzeitig noch ihre gewollte Transformation an dir sehen, indem du ihnen zeigst, wie dein Leben aussieht mit dem Angebot, das du lieferst – wie entspannt du bist, weil du regelmäßig Breathwork machst, wie viel mehr Zeit du für die Familie hast, seit du selbstständig bist, wie viel stressfreier dein Leben ist, nachdem du dein ganzes Business automatisiert hast – dann werden sie anfangen, sich für dein Angebot zu interessieren.

Follower*innen, die sich ernsthaft für dein Angebot interessieren und den Kauf in Erwägung ziehen, sind heiße Kontakte.

In unserem Trichter sind die heißen Kontakte sehr weit unten. Wie du sehen kannst, wird der Trichter hier noch enger und es befindet sich an dieser Stelle nur noch ein kleiner Teil der Menschen, die oben in den Trichter hinein gekommen sind.

Das ist ganz normal.

Manche brauchen länger, um von kalten zu warmen Kontakten und dann heiß zu werden, andere bleiben bei einer Stufe stehen und kommen nie unten an.

Woran du erkennst, welche Kontakte kalt, welche warm und welche heiß sind? Dabei können dir die Fragesticker in der Instagram Story helfen: Wer antwortet auf deine Umfragen, wer davon eher auf niedrigschwellige unpersönliche Fragen, wer auf persönliche Fragen und wer auch auf Businessfragen? Wer davon passt in deine Zielgruppe? Freund*innen und Businessfreund*innen oder Mitbewerber*innen stimmen ja auch immer gerne ab, um zu unterstützen, werden aber wahrscheinlich eher nicht zu Kund*innen. Sie würde ich deshalb auch nicht mittracken.

Es macht Sinn, vor und während Launches einen sogenannten Engagement Tracker zu führen: Das ist eine Liste, in die du einträgst, wer mit dir interagiert und wozu. Damit hast du einen groben Überblick, ob Interesse an deinem Produkt besteht und von wem, kannst dir notieren, welche Fragen immer und immer wieder gestellt werden (und diese dann auch beantworten) und hast eine Übersicht, wer von den Interagierenden sich wirklich für dein Produkt oder für etwas ganz anderes interessiert.

Natürlich gibt es immer Kund*innen, die vorher nie in einem Tracker aufgetaucht sind und wie aus dem Nichts buchen. Lieben wir. Und auf der anderen Seite gibt es Follower*innen, die bei jeder Umfrage mitmachen, aber nie kaufen. Auch das lieben wir. Es kann tausend Gründe geben, warum jemand sich brennend für dein Produkt interessiert, aber am Ende nicht kauft. Trotzdem kann man sich doch über das Mitmachen und das Engagement freuen, oder? Und dann sind da die Kund*innen, die schon mal bei dir gekauft haben. Kund*innen sind Gold wert. Sie sind in deinem Trichter-Modell die kleinste Gruppe und die wertvollste. Behandle sie auch so: Teile ihre Erfolge und feiere sie. Teile ihre neuesten Angebote und wann immer sie dich verlinken. Biete ihnen an, Botschafter für deine Produkte und Angebote zu werden, indem du ihnen ein Affiliate-Angebot machst oder eine Vermittlungspauschale anbietest.

Meine Kund*innen bekommen immer mal wieder Rabatte auf meine Programme und Workshops, einen Spezialpreis auf 1:1-Sessions und eine Sonderbehandlung in meinen DMs. Außerdem frage ich in regelmäßigen Abständen nach, wie es ihnen geht und halte den Kontakt. Das finde ich wichtig und es sorgt dafür, dass unsere Beziehung bestehen bleibt. Dadurch bekomme ich regelmäßige Updates aus ihrem Business-Leben, habe immer ein Ohr in der Community und bekomme Testimonial-Updates, sobald sie einen neuen Erfolg feiern. Ich liebe das.

Wichtig ist, dass du immer mal wieder schaust, wie sich deine Community entwickelt. Ruh dich nicht auf dem aktuellen Stand aus oder nimm an, dass es immer so bleiben wird, wie es gerade ist.

Du hast bisher nur wenige Follower*innen? Dann solltest du daran arbeiten, mehr Menschen zu erreichen.

Du hast eine große Reichweite, es folgt dir aber kaum jemand und niemand reagiert auf deine Posts und Stories? Dann solltest du dich noch mal an deine Positionierung setzen und Content erstellen, der besser auf deine Zielgruppe abgestimmt ist.

Deine Community ist aktiv, aber niemand kauft? Dann würde ich mich auf die Positionierung deines Angebots konzentrieren und darauf, die Transformation deines Angebots an deine Community zu kommunizieren.

Wenn du eine Sache aus diesem Kapitel mitnimmst, dann ist es: Community-Aufbau ist Beziehungsaufbau. Und wie bei allen Beziehungen gilt: Es ist ein Geben und ein Nehmen.

Wenn du nicht bereit bist, etwas zu geben – ich spreche hier von Zeit, gutem Content, Austausch – dann ist die Wahrscheinlichkeit groß, dass du nichts zurück bekommst.

Deshalb nimm dir die Zeit und starte möglichst früh mit einem guten, ehrlichen und authentischen Community-Aufbau. Damit legst du ein stabiles Fundament für dein Business.

Wie du Content erstellst, der die richtigen Menschen erreicht

Kennst du das? Du liest einen Beitrag auf Instagram und denkst: „Wow, genau das habe ich mich heute morgen erst gefragt!“ Das ist guter Content. Das ist Content, der eine Verbindung herstellt, der im Kopf bleibt und dich von anderen unterscheidet. Solchen Content willst du erstellen.

Content-Erstellung sieht so einfach aus: Man nimmt einen Fakt aus dem eigenen Expert*innenthema, schreibt ihn mit Canva auf eine Folie, einmal downloaden und fertig. Dazu noch ein kurzer Text zur weiteren Ausführung und schon ist der erste Post erstellt. Meine Freundin Luna Dickmann nennt das Lexikon-Content.

Ich nenne es Content, der nichts bringt.

Wenn die Menschen da draußen eine Definition suchen oder eine Information zu einem bestimmten Thema, googeln sie diese oder schlagen sie, ganz old school, in einem Lexikon nach. Deine Follower*innen brauchen niemanden, der auf Instagram Lexikon-Beiträge verfasst. Ich glaube, da sind wir uns einig. Aber wie erstellt man Content, der wirklich gut ist?

Schritt Nummer eins: Lerne deine Zielgruppe wirklich gut

kennen. Und zwar wirklich, wirklich gut. Alter, Geschlecht und Job reichen nicht. Was ist das größte Ziel deiner Zielgruppe? Was sind die nächsten Schritte dahin? Was ist die größte Herausforderung? Wofür interessiert sich deine Zielgruppe außerhalb deines Expertenthemas? Arbeitest du zum Beispiel mit Müttern? Dann wird sie neben deinem Expertenthema, wahrscheinlich auch die Themen Kinderbetreuung interessieren, alles unter einen Hut bringen, Produktivität etc. Solche Dinge zu wissen, an ausgewählten Punkten in deinem Content unterzubringen und Verständnis für deine Zielgruppe zu zeigen, bringt dich ihr direkt näher.

Schritt Nummer 2: Lege dir eine Liste mit den Ängsten, Sorgen und Herausforderungen und den Zielen deiner Zielgruppe an. Dies ist deine goldene Liste und du solltest regelmäßig daran arbeiten, sie zu erweitern und zu konkretisieren. Am Anfang werden dir sicher nur vereinzelte Ideen für diese Liste kommen. Die meisten meiner Kund*innen tun sich mit dem Sammeln von Zielen leichter als mit Ängsten, Sorgen und Herausforderungen.Aber mit der Zeit wirst du deine Zielgruppe besser und besser kennenlernen und die Liste wird länger und länger werden. Versprochen.

Solltest du noch ganz am Anfang stehen und deine Zielgruppe ist dir noch fremd sein, dann überlege dir, wo du diese Informationen über deine Wunschkund*innen bekommen könntest.

Der erste Schritt sollte immer eine Marktforschung sein (siehe Kapitel „So findest du eine Business-Idee, die zu dir und deinem Lifestyle passt"). Alternativ sind Foren und Facebook-Gruppen gut, in denen sich deine Wunschkund*innen über ihre Probleme und Herausforderungen austauschen. Dort kannst du in kurzer Zeit viel erfahren.

Schritt Nummer drei: Überlege dir konkrete Situationen, in denen deine Zielgruppe deine Unterstützung braucht. Wo genau scheitern sie in deinem Expert*innenthema? Werde hier so genau wie möglich. Liegen sie abends im Bett und zerbrechen sich den Kopf? Oder sitzen sie stundenlang am Schreibtisch, ohne eine einzige Zeile zu schreiben? Stehen sie morgens auf und haben schon keine Lust, ins Büro zu fahren? In welchen Situationen treffen sie konkret auf das Problem, die Sorge oder die Herausforderung, die du für sie lösen kannst? Gibt es vielleicht Situationen, in denen sie sich ihrem Ziel zum Greifen nah fühlen? Zum Beispiel, wenn jemand ein Kennenlerngespräch vereinbart oder sie Freitagabends aus dem Büro nach Hause kommen und endlich das Wochenende vor ihnen liegt? Schreib auch dazu eine Liste.

Je genauer du wirst, je mehr Situationen dir einfallen, desto besser und realitätsnaher wird dein Content. Denn vergiss nicht: Unser Ziel ist es, den „sie hat mir in den Kopf geguckt"-Effekt zu erreichen.

Schritt Nummer vier: Notiere dir exakte Sätze und Formulierungen, die deine Zielgruppe benutzt. Wie beschreibt deine Wunschkundin ihre Probleme, was genau ist ihr Ziel und wie benennt sie es? Vermeide es unbedingt dein Wissen in ihre Aussagen hinein zu interpretieren oder Fachausdrücke hinzuzufügen, die deine Zielgruppe nicht versteht oder nicht so benennen würde. Ich hätte zum Beispiel niemals gedacht, dass ich ein Burn-out bekommen würde, bevor ich eins hatte. Deshalb hat mich Content rund um das Thema Burn-out auch nie interessiert. „Das bekommen nur Menschen, die zu faul zum Arbeiten sind." So habe ich gedacht.

Deshalb hättest du mich mit Posts wie: „So ziehst du die Reißleine vor einem Burnout" nie zu deinem Fan gemacht. Ein Post mit der Überschrift: „Wieder die ganze Nacht To-dos in deinem Kopf sortiert, statt zu schlafen? So bereitest du dich schon abends optimal auf den nächsten Arbeitstag vor und sicherst dir wertvollen Schlaf." aber schon. Der Post spiegelte nämlich meine Lebensrealität und meine Bewusstseinsstufe wider. Mir war nicht klar, wie gestresst ich war und wie schlecht es mir schon ging, ich hatte kein Problembewusstsein für das Thema Burn-out, aber ich wusste, dass ich mehr Schlaf brauchte und ich dieses Gedankenkarussell mitten in der Nacht abstellen muss, um besser zu funktionieren. Ich brauchte keine wissenschaftliche Erklärung für mein Problem und auch keine Ferndiagnose, sondern eine konkrete Lösung für

mein konkretes Problem. Natürlich wurde am Ende des Posts auch erwähnt, dass Schlafstörungen ein Indiz für ein zu hohes Stresslevel sein können und deshalb Stress reduziert werden sollte. Ein guter Hinweis.
So kannst du deine Zielgruppe trotzdem noch auf eine nachhaltige Lösung aufmerksam machen. Das erste Ziel ist bei der Masse an Posts, der unsere Follower*innen jeden Tag auf Instagram ausgesetzt ist, Aufmerksamkeit zu erzeugen und sie zum Lesen unseres Posts zu bewegen. Welche konkreten Probleme hat deine Wunschkund*in?

Schritt Nummer fünf: Sammle alle Vorurteile, die es zu deinem Expert*innenthema gibt. Was bekommst du immer wieder zu hören, warum es irrelevant ist? Beim Beispiel Burnout-Prävention, ist ein typisches Vorurteil: „Das passiert mir nicht.“, „Das ist nur eine Phase, in der ich gestresst bin. Wenn XY abgeschlossen ist, dann wird es wieder entspannter.“ Natürlich kommen diese entspannten Phasen nie und natürlich kann ein Burn-out jede*n erwischen, aber Betroffene reden sich das immer anders ein. In dem du die Vorurteile aufnimmst, holst du die Kritiker*in oder Zweifler*innen da ab, wo sie stehen und zeigst ihnen, dass du ihre Gedanken kennst und ernst nimmst Anschließend hast du die Möglichkeit, mit deinem Content ein Lösungsbewusstsein zu schaffen.

Schritt Nummer sechs: Schau dich bei anderen Expert*innen

um: Welchen Aussagen, Glaubenssätzen und Tipps stimmst du nicht zu? Wo möchtest du eine andere Haltung einnehmen und widersprechen? Schreib dir auch diese Dinge auf. Das sind Themen, die dir die Möglichkeit bieten, dich als wahre Anführer*in zu präsentieren und den anderen Größen deiner Branche die Stirn zu bieten. Ich weiß, gerade am Anfang trauen wir uns das oft nicht. Wir haben Gedanken wie: „Wer bin ich denn schon, dass ich ihr widersprechen kann? Außerdem interessiert meine Meinung doch eh niemanden." Das ist nicht wahr. Deine Meinung und deine Stimme wird gebraucht. Und deine Wunschkund*innen werden deine Meinung zu schätzen wissen und dir folgen, gerade weil du Dinge anders machst. Also trau dich!

Das sind Möglichkeiten, um Content-Ideen zu entwickeln, aber Content-Ideen machen noch keine Strategie. Deshalb wird es jetzt Zeit, deine Ideen in eine Strategie zu überführen, die dein Business wachsen lässt.

Generell solltest du bedenken, dass dein Content vier Ziele erfüllen muss. Er muss neue Follower*innen auf dein Profil ziehen, dich als Expertin in deinem Thema positionieren, deine Follower*innen aufwärmen, indem du Interaktionen anbietest und Kontakt herstellst, und deine Angebote vorstellen und verkaufen. Nicht jeder Post erfüllt alle diese Ziele, sondern im besten Fall eins oder zwei. Überlege dir also vor der Erstellung eines Posts, welches Ziel du damit erreichen möchtest. Soll der Post geteilt werden? Möchtest du damit in Kontakt mit deiner Zielgruppe treten und dich in den Kommentaren austauschen? Ist es dein Ziel, dich als Expertin zu platzieren und deinen Follower*innen an einer ganz bestimmten Stelle weiterzuhelfen oder möchtest du dein Produkt näher vorstellen? Je nach Ziel sieht der Post anders aus.

Aber lass uns doch mal schauen, welche Content-Arten es gibt und wofür du sie nutzen kannst.

Die vier wichtigsten Content-Arten

*Expert*innen-Posts:* Die Mutter aller Instagram-Posts. Expert*innen-Posts geben Wissen weiter und positionieren dich als Expertin auf deinem Gebiet. Diese Posts findest du überall auf Instagram und weil sie sehr einfach zu identifizieren (und zu kopieren) sind, fangen die meisten Instagram-Accounts mit dem Posten einer langen Sammlung von Expert*innenposts an. Das ist erst mal gar nicht schlecht, weil du damit zeigst, was du kannst und wofür du bekannt sein möchtest. Allerdings tun Expert*innenposts zwei Dinge nicht: eine wirklich enge Beziehung zu deinen Follower*innen herstellen und dich massiv von deinen Mitbewerber*innen abheben. Zumindest nicht, wenn du die klassischen Lexikoneinträge oder drei Tipps für … veröffentlichst.

Allerdings hast du ja jetzt schon ordentliche Vorarbeit geleistet und Zitate deiner Wunschkund*innen gesammelt. Diese können dir als Vorlage und Einleitung für richtig gute Expert*innen-Posts dienen.

Hast du als Sales Coach zum Beispiel den Satz: „Und was, wenn wirklich keiner kauft?“ gespeichert, dann kannst du diesen Satz als ersten Slide eines Karussell-Posts oder als Einleitung für deine Caption nutzen und hast direkt die Aufmerksamkeit deiner Zielgruppe auf deiner Seite. Du nutzt ein konkretes Problem, einen wirklichen Gedanken einer realen Situation und kreierst damit den „Sie hat doch in meinen Kopf geguckt“-Effekt. Wenn du dann noch eine Mikro-Lösung für das Problem anbietest, also konkrete Schritte nennen kannst, um das Problem zu lösen oder die Angst zu lindern, und zwar nah an der Realität deiner Wunschkund*innen, gewinnst du echte Fans.

Bitte beachte dabei vor allem den Punkt „nah an der Realität deiner Wunschkund*innen“: Wenn jemand noch nie auf Instagram gepostet hat, wird es schwer, der Person zu empfehlen, sieben Tage die Woche Posts, Reels und Stories zu veröffentlichen, auch wenn das der einfachste Weg zum Community-Wachstum ist. Genauso wenig kannst du einer alleinerziehenden Mutter mit zwei kleinen Kindern eine Morgenroutine empfehlen, die zwei Stunden dauert. Kannst du natürlich schon, davon wird deine Zielgruppe sich aber nicht abgeholt und wahrgenommen fühlen.

Natürlich kennst du den schnellsten Weg zum Erfolg und weißt, was theoretisch das Beste für deine Wunschkund*innen wäre. Beachte aber, wo sie stehen, überfordere sie nicht direkt, sondern gib ihnen einen Tipp für den ersten möglichen Schritt.

Neben dem Aufbau eines Expertenstatus ist das Ziel von Expert*innen-Posts vor allem, geteilt und gespeichert zu werden. Nutze dafür also Themen, die deine Zielgruppe wirklich beschäftigen und an denen sie knabbern.

Posts für Verbindung und Vertrauen: Ziel eines solchen Posts ist es, in Verbindung mit deiner Community zu kommen und ein Gespräch zu beginnen. Das kann in Form einer DM, aber auch in Form eines Kommentars passieren (je nach Format deines Contents). Dazu bieten sich Themen an, die zeigen, dass du früher an der gleichen Stelle warst, wie deine Follower*in, ihre Probleme und Herausforderungen verstehst und dich in sie hineinversetzen kannst.

Manchmal kannst du das mit einer Geschichte machen, die du von dir und deinen Anfängen erzählst. Es kann aber auch eine Situation von heute sein, in der du zeigst, dass bei dir auch nicht immer alles so klappt, wie es sollte. Diese kleinen Momente, in denen du deine perfekte Fassade abnimmst und deiner Zielgruppe zeigst, dass du auch nicht unfehlbar bist, sind es meistens, die die stärkste Verbindung zu deinen Wunschkund*innen herstellen.

Dabei geht es nicht darum, ein dramatisches Ereignis zu nutzen oder über Probleme in deinem Business zu sprechen, die du gerade ganz akut hast. Beides sehe ich in letzter Zeit immer wieder: Business Coaches, die davon erzählen, dass sie gerade auch kein Geld verdienen. Mindset Coaches, die ins Burn-out fallen. Aber Vorsicht, es gibt einen Unterschied zwischen Authentizität und Imageschädigung.

Bevor du also eine Herausforderung teilst, überleg dir, ob es wirklich zu dir und deiner Marke und deinen Business-Zielen passt oder ob du damit nicht noch ein paar Wochen warten möchtest, bis du die Herausforderung überwunden hast und dann einen kleinen Rückblick teilst.

Es muss auch nicht immer ein Drama sein. Mein liebstes Beispiel für Content im Bereich Verbindung und Vertrauen ist das Shooting meines Podcast-Covers im September 2021. Der Podcast war mitten in der Planung, das Veröffentlichungsdatum stand fest, ich hatte eine Idee für ein Cover und ich hatte alle Requisiten dafür gepackt.

Zu dem Zeitpunkt hatte ich ein Büro in einer Nachbarstadt angemietet und hatte mir vorgenommen, dort die Bilder dafür zu machen. Ich bin also schwer bepackt ins Büro gefahren, habe dort aufgebaut, mich umgezogen und habe dann gemerkt, dass mein Smartphone, mit dem ich meine Bilder machen wollte, zuhause lag. Ich bin also zurück ins Auto, nach Hause gefahren und dann mit dem Smartphone zurück ins Büro. In der Zwischenzeit hatte ich aber so viel Zeit verplempert, dass das Co-Working der EVOLVE MEMBERSHIP anstand, in dem wir immer eine Stunde arbeiten, uns dann über unseren Fortschritt austauschen und dann wieder eine Stunde arbeiten.

Ich bin also völlig gestresst in das Co-Working gerast mit dem Wissen, dass meine Bürokolleg*innen bald kommen und dann jede Möglichkeit für Fotos dahin wäre. Ich hab also das Co-Working gestartet, mich wieder umgezogen, während alle Teilnehmer*innen fleißig vor sich hingearbeitet haben, alles aufgebaut und dann angefangen, mit dem Selbstauslöser Bilder für mein Podcast-Cover zu machen.

Die Bilder, die dabei entstanden sind, zeigen wirklich sämtliche Gefühlszustände, die ich in diesen fünfundvierzig Minuten durchlaufen bin. Und das Beste: Auf neunzig Prozent von ihnen halte ich den Fernauslöser ziemlich auffällig ins Bild. Katastrophe.

Jetzt hätte ich diese Bilder natürlich einfach unter den Tisch fallen lassen und es an einem neuen Tag noch mal versuchen können, aber ich nutze sie stattdessen für meinen Community-Aufbau. Ich erzählte in der Instagram Story von meinem katastrophalen Vormittag und postete einige der Bilder. Weil das Thema so gut ankam, machte ich aus der Story ein Caption this: Ich postete die Bilder mit jeweils einem Fragensticker in der Story und bat meine Follower*innen, eine Überschrift dafür zu erfinden. Dabei kamen die lustigsten Antworten heraus.

Je mehr Antworten ich postete, desto mehr Überschriften wurden in den Fragensticker geschrieben und es hagelte Quick-Reactions und Nachrichten. Durch das hohe Engagement stieg die Reichweite der Story, es kamen immer mehr Antworten über den Fragesticker und die Ersten teilten die Story.

Ich gewann durch die Aktion an dem Tag circa fünfzehn neue Follower*innen und vor allem eine sehr, sehr starke Fanbase. Viele der Teilnehmer*innen an der Aktion, tauschten sich auch nach dieser Story weiter mit mir aus und wurden später zu Kund*innen. Und alle, die dabei waren, erzählen mir noch heute davon, wie lustig sie die Aktion fanden.

Was als katastrophales Fotoshooting begann, wurde zu einer Community-Building-Aktion, die mir neue Follower*innen, Fans und mittelfristig auch Kund*innen gebracht hat. Das hat aber nur funktioniert, weil ich offen dafür war, mich nicht in meinem besten Licht zu zeigen und meine Follower*innen hinter die Kulissen schauen ließ. Das schafft Vertrauen und Verbindung.

Embodiment Posts: Zeig deinen Followern, wie es sich anfühlt, ihr Ziel zu erreichen. Und zwar nicht mit Louis Vuitton-Handtaschen und Champagner, sondern anhand deines Lebens. Wie fühlt es sich an, wenn du es endlich geschafft hast, zwanzig Kilo abzunehmen? Was kannst du auf einmal, was du nicht konntest, als du noch schwerer warst? Wie sieht dein Alltag aus, wenn du dir regelmäßig Pausen gönnst und dich nicht mehr ständig überarbeitest? Wie sieht dein digitales Nomadenleben am anderen Ende der Welt aus? Zeig es deinen Follower*innen.

Sie möchten sehen, worauf sie hinarbeiten und es inspiriert sie dazu, zu sehen, wo es für sie hingehen kann. Dafür brauchst du keine Luxusartikel, Paypal-Eingänge und Champagnergläser in die Kamera zu halten. Es können auch kleine Dinge sein, die deinen Follower:innen einen Vorgeschmack geben: Der Lauf am Morgen, den du dir erlauben kannst, weil keiner im Büro auf dich wartet. Die Kinder früher aus der Kita abholen, weil du keine festen Arbeitszeiten mehr hast. Den Tag in der Sonne verbringen, weil du dir deine Zeit frei einteilen kannst. All das sind Dinge, die nicht monetär, nicht toxisch und trotzdem motivierend sind. Wichtig ist, dass du diese Dinge nicht nur erzählst, sondern zeigst. Zeig den Spaziergang in der Mittagspause und zeig dich mit der Yogamatte auf dem Rücken auf dem Weg zur Yogastunde. Diese Bilder bleiben viel länger im Kopf, unterbrechen den Produkt- und Business-Content und zeigen deinen Follower*innen eine private Seite von dir.

Oft entstehen durch diese Art von Content auch noch mal ganz andere Gespräche mit deiner Community: Follower*innen, die sich melden, weil sie in genau dasselbe Yoga-Studio gehen. Mütter, die dir schreiben, dass sie sich auch so sehr wünschen, ihre Kinder entspannt und ohne Gerenne aus der Kita abzuholen. Andere, die erzählen, dass sie auch im Winter gerne joggen würden, aber es nicht können, weil es morgens noch und abends schon dunkel ist. Diese Beispiele bieten dir die Möglichkeit, mit deiner Zielgruppe eine Verbindung aufzubauen, wohingegen Luxushandtaschen und Champagnerflaschen für die meisten so abgehoben sind, dass es eher zu einem Gefühl von Ausgrenzung führt. Das kommt natürlich immer auf deine Zielgruppe an.

Produkt-Posts: Ich schreibe hier Produkt-Posts, aber ich meine Content rund um dein Produkt. Und das können verschiedene Formate, aber auch unterschiedlichste Herangehensweisen sein. Jeder kennt Produkt-Posts, in denen die blanken Produktinformationen aufgezählt werden und das Produkt vielleicht noch durch die Beschreibung der Zielgruppe positioniert wird. Ja, diese Posts sind wichtig, ja, diese Posts ergeben Sinn, um einmal alle Informationen an einem Ort (deinem Feed) zusammenzufassen, aber diese Posts werden in den wenigsten Fällen deine Produkte wirklich verkaufen.

Das Gleiche gilt für die immer gleichen Canva-Slides in der Story. Wie langweilig kann eine Produktvorstellung denn bitte sein? Und jetzt sei mal ganz ehrlich: Liest du dir diese Slides immer alle durch? Also, so wirklich? Und wenn sie dich beim ersten Mal nicht sofort überzeugen, liest du sie dann am nächsten Tag noch mal durch, wenn sie wieder auftauchen? Ich glaube nicht. Und wenn du es nicht machst, machen es auch deine Wunschkund*innen nicht.
Wie kannst du über dein Produkt sprechen, ohne dass du Canva-Slides postest und dir vorkommst, als wärst du der letzte Marktschreier? Kreativität ist da gefragt. Meinen Ladys von HAPPY SALES gebe ich dafür in jeder Runde eine Challenge: Sie müssen zwei Wochen lang jeden Tag von ihrem Produkt sprechen und dürfen sich nicht ein einziges Mal wiederholen. Mein Ziel dabei ist es, ihre Kreativität zu stärken und Abwechslung in ihre Launches zu bringen. Denn nichts ist langweiliger als eine unkreative Verkaufsphase.

Fang am besten bei einem guten Storytelling zu deinem Produkt an. Wie bist du auf die Idee gekommen, das Produkt zu entwickeln? Für wen ist dieses Produkt erstellt worden? Meistens hat man ja eine bestimmte Person vor Augen, die genau dabei Hilfe gebraucht hat. Welche Probleme hat die Zielgruppe für dieses Produkt? Welches Missverständnis herrscht noch hinsichtlich dieses Themas? Darüber kannst du unzählige Posts, Stories, Lives und Reels machen und am Ende immer auf dein Produkt verweisen, ohne einmal deine Canva-Slides behelligen zu müssen.

Eine weitere Idee ist es, mit Erfolgsgeschichten bisheriger Kund*innen zu arbeiten. Menschen, die bereits mit dir gearbeitet haben und deren Problem du bereits gelöst hast. Du kannst ihre Geschichte in einem Post, in einer Story oder in einem Reel aufbereiten und sie natürlich auch in ein Live einladen und von ihren Erfolgen berichten lassen.
Statt immer nur von deinem Produkt zu sprechen, kannst du deine Follower*innen auch einfach mal reinschauen lassen. Gib ihnen einen kleinen Einblick in den Kursbereich, die Slides für deine Masterclass oder in die Facebook-Gruppe, die sich hoffentlich bereits mit ersten Kaufwilligen füllt. Erkläre mehr über die einzelnen Aspekte deines Produkts, einen bestimmten Service, ein außergewöhnliches Modul, eine Aufgabe, die alle deine Kund*innen bekommen. Das alles schafft Vertrauen in dich und deine Arbeit und hilft Interessent*innen zu verstehen, wie dein Produkt wirklich aussieht. Wir gehen

immer davon aus, dass jeder genau versteht, wovon wir sprechen, wenn wir von unserem mit Schweiß und Tränen erstellten Produkt erzählen. Das jeder schon verstanden hat, was es enthält, wie toll es ist und was es so leistet. Das stimmt aber nicht. Erstens merken sich deine Follower*innen nicht alles, was du erzählst, und zweitens sehen die meisten gar nicht all deinen Content und wundern sich dann ein paar Tage später, von welchem Produkt du plötzlich redest.

Zur Abwechslung des ganzen Contents in Stories und Feedposts möchte ich dich ermuntern, gerade in Verkaufsphasen auch regelmäßig Lives zu machen. Verpackt als Training mit viel Mehrwert oder auch als Q&A, wofür du vorab schon Fragen sammelst, ist ein Live eine tolle Möglichkeit, über dein Produkt zu sprechen, die Vorteile hervorzuheben und es als Lösung für die besprochenen Probleme zu präsentieren. Zusätzlich gibt dir ein Live die Chance, deiner Reichweite mal wieder einen anständigen Push zu geben, denn oft steigen die Story-Views danach immer beträchtlich. Das liegt hauptsächlich daran, dass dein Account durch Lives wieder den Follower*innen angezeigt wird, die eine Weile nicht mehr mit dir interagiert haben und denen deine Stories dann leider eine ganze Weile nicht mehr angezeigt worden sind. Durch das Live tauchst du plötzlich ganz vorn in ihrem Story-Feed auf, was oft dazu führt, dass sie kurz reinschauen und im besten Fall mit dir interagieren. Dadurch werden deine Posts und

Stories ihnen dann auch im Nachhinein wieder öfter angezeigt und deine Reichweite steigt.

Wenn ein Live dir noch zu aufregend ist, kannst du die Fragerunde zu deinem Produkt auch in der Story beantworten. Das erlaubt es dir ausführlich über alle Aspekte deines Angebots zu sprechen, und deine Follower*innen können alle ihre Fragen loswerden. Ein toller Bonus ist, dass du gleichzeitig lernst, was du bei deinem Angebot bisher unklar formuliert hast und welche Einwände deine Follower*innen haben. Das kannst du nicht nur in der Fragerunde klären und entkräften, sondern auch in der weiteren Verkaufsphase für dich nutzen.

Zu guter Letzt noch ein Tipp: Konzentriere dich beim Verkauf nicht ausschließlich auf die Inhalte des Programms und was die Kund*innen alles von dir bekommen. Das ist wichtig und ich bin ein großer Fan davon, von Anfang an transparent zu sein. Aber was deine potenziellen Käufer*innen möchten, ist eine Transformation. Es interessiert sie im Zweifelsfall nicht, ob sie drei oder vier Termine mit dir haben oder wo genau der Support stattfindet. Es sei denn, sie haben da eine starke Präferenz und sind rationale Käufer*innen. Trotzdem möchten deine potenziellen Kund*innen beim Kauf vor allem eine Sache wissen: Wie sieht mein Ergebnis aus? Was kann ich erwarten, wenn ich buche? Wo stehe ich nach der Zusammenarbeit? Zeig ihnen das, mach es deutlich anhand deiner eigenen

Transformation und anhand der Ergebnisse deiner Kund*innen. Ich verspreche dir, diese Methode wird das Verkaufen für dich verändern!

Wie du siehst, steckt hinter einer Content-Strategie und einem Instagram Account, der neue Follower*innen anzieht, zu Fans macht und verkauft, viel mehr, als einfach nur Expert*innen-Posts zu veröffentlichen. Es braucht eine Strategie, um deine Follower*innen da abzuholen, wo sie gerade stehen und ihnen den Content zu liefern, den sie brauchen, um Vertrauen zu dir aufzubauen.

Deshalb bin ich kein Fan des intuitiven Postens und der Idee, einfach zu channeln, was die Community gerade braucht. Die Idee mag sich gut verkaufen, weil viele Selbstständige, besonders in der spirituellen Coaching-Bubble, wenig Lust auf Struktur und übermäßige Strategien haben. Deshalb springen sie gerne auf den intuitiven Zug auf, wenn ihnen erzählt wird, dass man einfach nur dem eigenen Gefühl folgen muss. Die Lösung ist so viel einfacher, als sich wirklich mit einer handfesten Strategie auseinanderzusetzen.

Ganz ehrlich: Meine Content-Strategie ändert sich ständig. Vielleicht nicht alles an ihr, aber ihr Schwerpunkt mit Sicherheit. Der Unterschied zu meinen Kund*innen ist der: Ich erstelle seit 2014 Content für meine eigenen Kanäle, die unterschiedlichsten Unternehmen und Marken, seit Anfang 2021 für meinen eigenen Instagram-Account. Meine Content-Strategie passe ich für jeden Launch und für jedes neue Produkt minimal an. Ich kenne meine Zielgruppe und ich weiß, was ich posten muss, um ein bestimmtes Ziel zu erreichen. Das weiß ich aber nur, weil ich seit Jahren auf Instagram unterwegs bin und nicht aus Intuition, sondern aus Erfahrung poste. Das ist ein großer Unterschied.

Wenn wir dann aber schon mal bei der Abteilung Flow vs. Strategie sind: Wenn man sich mal genau anguckt, was die spirituellen Leader der Coaching-Bubble so posten, dann ist das alles andere als intuitiv. Da steckt deutlich mehr dahinter als eine kleine Idee, die sie am Morgen erreicht hat. Da wird über Wochen und Monate auf ein Thema hingearbeitet, der Content sehr spitz ausgerichtet, die Community aufgewärmt – und plötzlich taucht ein Produkt auf, das gerade heute Morgen erst gechannelt worden ist. Für mich klingt das eher nach einer klaren Strategie, die sich an die Zielgruppe allerdings schwer verkaufen lässt.

Postingfrequenz, Sichtbarkeit & Content-Burn-out

„Wie oft soll ich posten und von was wie viel?“ Das fragt mich ungefähr jede meiner Kund*innen. Und meine Antwort lautet wie so oft: „Es kommt darauf an. Wo steht dein Business gerade und was ist gerade dein Ziel?“

Wenn du daran arbeitest, erst mal möglichst viele Menschen auf deinen Account zu ziehen, du kaum Follower*innen und erst wenige Kund*innen hast, solltest du dich darauf fokussieren, möglichst viele Menschen auf dein Profil aufmerksam zu machen und eine Community aufzubauen.

Je mehr du in deinem Feed postest, desto mehr Menschen können auf dich aufmerksam werden und dein Profil finden. Je mehr du in deinen Stories aktiv bist, desto eher können deine neuen Follower*innen eine Verbindung zu dir aufbauen. Hier gilt wirklich: mehr ist mehr.

Schau dir doch mal an, wie oft große Coaches posten. Und damit meine ich nicht nur auf Instagram. Die meisten haben Insta, wo sie Posts, Reels und Stories veröffentlichen, manche sogar mehrfach am Tag. Dann haben sie alle einen Newsletter, zusätzlich einen Blog oder Podcast (oder beides) und im besten Fall sind sie noch bei TikTok, LinkedIn oder Facebook.

Diesen Coaches kannst du nicht entkommen. Wenn du einmal in ihrer Welt bist, triffst du sie überall wieder, und wenn dann noch ihre Ads gut geschaltet sind, verfolgen sie dich durch das komplette Web. Schlau gemacht, denn so hast du unglaublich viele Kontaktpunkte mit ihnen und selbst wenn du ihnen auf einem Social-Media-Kanal entfolgst, erreichen sie dich immer noch über drei andere. Ich nenne das Imperiums-Marketing, denn es fühlt sich an, als könnte man dem Imperium dieser Unternehmerinnen gar nicht entkommen. Ihre Sichtbarkeit wirkt allgegenwärtig und ihr Erfolg dadurch riesig.

Bevor du jetzt aber fünfmal pro Woche postest und siebenmal pro Woche Stories machst, solltest du dir realistisch anschauen, wie viel du schaffen kannst. Nichts ist blöder, als fünf Tage am Stück zu posten und die Community dann zwei Wochen zu ghosten. Welche Regelmäßigkeit schaffst du entspannt? Wann kannst du dir jede Woche Zeit für Content-Planung und -Erstellung freihalten?

Wenn es dann mal mit einer Frequenz von drei Posts und fünf Stories in der Woche klappt, kannst du jederzeit die Frequenz steigern. Das ist für dich und deine Erfolgserlebnisse die bessere Lösung. Mit der Zeit findest du deinen Stil, deine Frequenz und weißt genau, worauf deine Zielgruppe abfährt.

Gleiches gilt für weitere Kanäle. Solange du mit der Content-

Erstellung für Instagram überfordert bist, solltest du nicht auch noch TikTok und Facebook bespielen. Und vor allem nicht ohne Strategie.

Bei den meisten Unternehmer*innen baut der Content, der unterschiedlichen Kanäle aufeinander auf, d. h., der Content aus dem Podcast wird für Posts und Reels bei Insta wiederverwendet und die Reels werden dann auch bei TikTok gepostet.

Außerdem steht hinter diesem Imperiums-Marketing meist mehr als nur ein Coach: Diese Multi-Marketing-Strategien werden meist von einem ganzen Team erstellt und durchgeführt. Sich damit zu vergleichen, kann nur in die Hose gehen, denn so eine Marketing-Maschinerie ist für ein Eine-Frau-Unternehmen nur schwer zu stemmen.

„Julia, ich habe einfach das Gefühl, dass ich schon alles gepostet habe, was es jemals zu meinem Thema zu sagen gab. Ich habe keine Ideen mehr für neue Posts." Meine Kundin Bea, war bereits seit drei Jahren Coach, hatte mehrere tausend Follower*innen und war ziemlich erfolgreich. Sie hatte über drei Jahre hinweg regelmäßig gepostet, hatte damit viele Kund*innen erreicht, aber seit einiger Zeit hatte sie das Gefühl, keine Ideen mehr für neue Posts zu haben. Content-Erstellung fiel ihr plötzlich schwer und es wollten keine neuen Ideen mehr zu ihr kommen. Sie steckte in einem typischen Content-

Burn-out.

Aus meiner Erfahrung unterliegt die Content-Erstellung verschiedenen Zyklen. Zu Beginn erstellen wir Content, den wir so oder so ähnlich bei Mitbewerber*innen gesehen haben. Wir erstellen die typischen Expert*innenposts und schauen mehr nach rechts und links, als selbst wirklich etwas zu kreieren. Nach einer Weile finden wir unseren eigenen Stil, trauen uns, mit unserer eigenen Stimme zu sprechen und entwickeln eigene Ideen und Formate. In Stufe 3 wissen wir dann, was gut funktioniert und was nicht: Wir kennen unsere Community, unser Thema und unsere Stimme und wissen genau, wie welche Art von Content ankommen wird. Wir sind Super-Creator und auf dem Höhepunkt unserer Content-Erstellungs-Karriere. Hier wollen wir am liebsten für immer sein.

Allerdings sind die wenigsten Creator für immer auf Stufe 3, denn entweder entwickelt sich unsere Community weiter, hat neue Probleme und Herausforderungen und braucht deshalb anderen Content und neue Angebote oder, und so war es in Beas Fall, wir haben irgendwann die Schnauze voll, immer und immer wieder den gleichen Content zu veröffentlichen. Aus unserer Superpower ist plötzlich etwas geworden, das uns extrem langweilt.

Ich hoffe, durch das Aufzeigen dieser Stufen wird klar, dass

Content-Burn-out nicht in den ersten Monaten deiner Selbstständigkeit auftritt und bedeutet, dass du nach deinen ersten Posts keine neuen Ideen mehr hast. Solltest du an diesem Punkt sein und sollten dir neue Ideen fehlen, dann melde dich gerne für einen Content-Workshop bei mir.

Ein Content-Burn-out entsteht, wenn man über Jahre den gleichen Content macht, immer und immer wieder über das eigene Thema spricht und irgendwann von den eigenen Inhalten gelangweilt ist.

In Beas Fall half nur eins: Sie musste sich und ihren Content neu erfinden. Wir entschieden uns gegen einen dramatischen Cut, wie ihn viele Coaches und Influencer zelebrieren, und stattdessen für ein Face-Lift ihrer Brand: Wir passten ihr Brand Design, ihre Content-Säulen und ihre Ausrichtung an und entwickelten ein weiteres Produkt für eine fortgeschrittenere Zielgruppe.

Nachdem Bea drei Jahre lang erfolgreich Anfänger angesprochen hatte, entwickelten wir ihre Produkttreppe weiter und konzipierten ein Fortgeschrittenen-Programm, das auf ihrem aktuellen Signature-Programm aufbaute.

Diese Strategie bot ihr zwei Möglichkeiten: Erstens konnte sie endlich fortgeschritteneren Content posten, der sie neu herausforderte, ihre Kreativität neu entfachte und ihr endlich wieder Spaß machte.

Zweitens hatte sie die Möglichkeit, ihre vergangenen Kund*innen mit einem neuen Produkt abzuholen und so ihren Customer-Lifetime-Value (den Kund*innenertragswert) zu erhöhen.

Es funktionierte: Ihre ehemaligen, zufriedenen Kund*innen sprangen direkt auf den neuen Content an und waren begeistert von ihrem neuen Produkt. Durch ihre Begeisterung für die neuen Themen, war Bea plötzlich wieder viel sichtbarer und ihre Euphorie sprang auf ihre Follower*innen über. Ihr neues Programm, das deutlich teurer war, verkaufte sich sehr gut, und da sie fast nur ehemalige Kund*innen in ihr neues Programm zog, konnte sie deren Erfolgsgeschichte für die Bewerbung ihrer beiden Signature-Programme nutzen und füllte wie von selbst den nächsten „Anfängerkurs".

Nicht immer sind ein Rebranding und eine Weiterentwicklung der Marke und der Produkttreppe der richtige Schritt. Wichtig ist aber, dieses Problem nicht zu ignorieren, sondern ganzheitlich zu betrachten. Wo liegt gerade wirklich das Problem? Geht es nur um eine Kreativitätsflaute oder hast du deine Content-Stimme einfach noch nicht gefunden? Fehlt dir gerade die Zeit, die Routine oder der Headspace? Oder ist es gar kein

Content-Burn-out, sondern schon ein komplettes Burn-out?

Denn auch das geht schneller, als man denkt. Der Druck, jeden Tag präsent sein zu müssen, kann zermürbend sein. Vor allem, wenn man sich dann noch mit anderen vergleicht und enttäuscht von den eigenen Ergebnissen ist. Bei allen Vorgaben zur Posting-Frequenz und Sichtbarkeit gilt immer: Mental Health first. Achte auf dich und schau genau hin, woher deine Content-Ablehnung gerade kommt.

Kein Algorithmus und kein Business der Welt ist es wert, dass du ausbrennst.

Instagram Stories – dort wird verkauft

Auf Instagram verkaufen, ohne Insta Stories zu machen, wird schwer. Nicht umsonst sind sie als der Ort bekannt, an dem verkauft wird.

Stories sind wie eine Daily Soap, bei der wir unsere Follower*innen mit in unsere Welt nehmen und ihnen von uns und unserer Arbeit erzählen können. Wie jede anständige Daily Soap haben Stories ein enormes Suchtpotenzial und bringen uns dazu, jeden Tag wieder reinzuschauen, um ja nichts zu verpassen.

Um diesen Effekt zu erzeugen, dürfen Stories aber nicht nur aus geteilten Feedbeiträgen und dem modernen Kettenbrief, auch bekannt als „Du bist dran"-Feature bestehen. Sie müssen Lifestyle-Content, Expert*innenwissen und Produkt-Content geschickt zu einer Geschichte verbinden, die authentisch und glaubwürdig ist. Die Krönung des Storytellings.

In meinem Verkaufsprogramm HAPPY SALES biete ich die Möglichkeit, mir täglich Stories einzureichen und sich Feedback dazu abzuholen. Das ist eine tolle Chance für meine Kund*innen, weil ich so nicht nur eine einzelne Story bewerten kann, sondern auch den roten Faden, der sich hoffentlich durch die Woche und durch ihre Launches zieht. Dabei fällt mir immer wieder auf, dass es vielen Unternehmer-*innen schwer fällt, ihre Inhalte zu einer Geschichte zu verbinden und auf ihren Call-to-Action hinzuleiten. Hinzu kommt, dass viele gerade am Anfang Angst vor Sichtbarkeit haben und es als unangenehm empfinden, regelmäßig über ihre Produkte zu sprechen. Ich verstehe das. Es ging mir am Anfang nicht anders.Ich liebe das Bild des Story-Muskels, das Jessica Diehl von mind&stories geprägt hat. Sie sagt, dass Stories machen, wie ein Muskel ist, den man trainieren muss. Am Anfang fällt es noch schwer, aber wenn man es regelmäßig macht, wird es immer einfacher. Genau so ist es.

Sollten Instagram Stories ganz neu für dich sein, dann hör auf, darüber zu grübeln, was du posten möchtest, und fang an, deinen Tag zu dokumentieren. Dabei musst du nicht beim Zähneputzen anfangen, sondern kannst ruhig warten, bis du am Schreibtisch sitzt. Teile zum Beispiel deine To-do-Liste des Tages und lass deine Follower*innen während deiner Arbeitszeit hinter die Kulissen schauen. Nimm sie mit in deine täglichen Rituale („In der Mittagspause gehe ich immer eine große Runde laufen.“) und lass sie an deinem Denk- und Entscheidungsprozess teilhaben („Ich habe mir überlegt, dass Produkt XY für euch interessant wäre. Was haltet ihr davon?“)

Unterschätze nicht, was kontinuierlicher, anscheinend so langweiliger Content zu deinem Community-Aufbau beiträgt und wie die Auswahl passender Schwerpunkte bei der Erstellung deiner Daily Soap sich auf deine Positionierung auswirkt.

Mit ein bisschen mehr Erfahrung wird die Content-Erstellung nach dem Trichtermodell und die Ansprache unterschiedlicher Kommunikationstypen immer einfacher. Stories mögen leicht aussehen, aber gut gemacht, sind sie doch ein ganzes Stück Arbeit und du solltest nicht unterschätzen, wie viel Zeit in eine gute, strategische Story fließt. Ich habe nicht selten den Fehler gemacht und wollte nur noch schnell eine Story hochladen, nur um fünfundvierzig Minuten später immer noch damit beschäftigt zu sein. Das ist Arbeit und so solltest du sie auch behandeln. Wenn du dich also am Wochenende dazu entschließt, Stories hochzuladen, dann mach es bewusst und rechne es dir selbst als Arbeitszeit an. Oder lass es noch besser am Wochenende einfach sein.

Reels und Video-Content – oder doch zurück zur Foto-App?

Als Reels bei Instagram gestartet sind und ich die ersten Kurzvideos ausgespielt bekam, schwor ich mir, niemals bei diesem Trend mitzumachen. „Dieses Gehampel ist doch einfach nur lächerlich“, sagte ich mir.

Natürlich habe ich entgegen meiner Vorsätze irgendwann angefangen, Videos zu drehen, und ich glaube, ich kann behaupten, dass ich einige Trends mitgenommen, mich öfter mal zum Affen gemacht und den Spaß an diesem Kurzvideo-Format gefunden habe. Natürlich weiß ich, dass die Idee der kurzen Videos bei TikTok geklaut wurde und Instagram, das mit Foto-Content groß geworden ist und plötzlich seinen kompletten Algorithmus zugunsten von Video-Content verworfen hat, dafür ordentlich kritisiert wird. Kann ich verstehen.

Trotzdem haben die Videos ihre Berechtigung. Der Erfolg von TikTok zeigt es, und würde es von Nutzer*innen nicht gut angenommen werden, wäre neben Instagram und Facebook nicht auch noch You-Tube auf dieses Format aufgesprungen. Viele Nutzer*innen sind begeistert von den kurzen Videos und viele Creator*innen haben die großen Reichweiten genutzt, die man gerade am Anfang durch Reels erzielen konnte.

So haben sich viele Content-Konsument*innen, wie auch Content-Creator*innen an die Existenz von Reels gewöhnt.

Wie gesagt: Das Ziel von Instagram ist und bleibt es, seine Nutzer*innen so lange wie möglich in der App zu halten. Der Reels-Feed ist genau darauf ausgerichtet: Die kleinen Videos sind schnell geschaut, lustig, lehrreich oder interessant und benötigen nur eine kurze Aufmerksamkeitsspanne. Ist ein Video zu Ende, kommt mit einem kleinen Swipe direkt das Nächste, das perfekt zu den Interessensgebieten der Schauenden passt. Schwupps, ist man im Reel-Tunnel gelandet und bevor man sich versieht, sind zwanzig Minuten um. Das ist mir mit Instagram-Posts noch nie passiert. Dafür aber schon ziemlich oft mit Stories. An diesem Video-Content muss doch was dran sein.

Aber mal im Ernst: Wenn die Nutzer*innen von Instagram kein Interesse an Video-Content zeigen würden, gäbe es schon lange keine Reels mehr. Aber sie erfüllen nun mal ihren Zweck.

Ein großer Faktor für den Erfolg von Reels auf der Plattform war, dass man zu Beginn extrem große Reichweiten damit erzielen konnte. Durch den neuen Reels-Feed wurden die Kurzvideos nicht nur im eigenen Home-Feed angezeigt, sondern man konnte über den extra für das Format erstellten Feed neue

Accounts finden, die den eigenen Interessen entsprachen. Endlich gab es ein Format, das ohne die Krücke von Hashtags auch an fremde Accounts ausgespielt wurde. Zusätzlich tauchten Reels auch im normalen Feed vermehrt auf, weshalb es für Content Creator*innen und Unternehmer*innen einfach war, neue Follower*innen zu erreichen. Manchmal reichte ein Trendsound aus, um hunderte neue Follower*innen auf das eigene Profil zu ziehen. Diese Zeiten sind leider vorbei. Nichtsdestotrotz sind Reels weiterhin eine tolle Möglichkeit, um neue Follower*innen zu gewinnen und alte Follower*innen weiter zu binden.

„Aber Reels dauern so lange!“, jammern die meisten meiner Kund*innen. Dem muss ich widersprechen. Mittlerweile sind Reels zu meinem Go-to-Format geworden, wenn es schnell gehen muss oder ich nur einen einzigen Gedanken teilen möchte. Meist schneide ich dafür ein paar Video-Sequenzen zusammen, die ich mal für Stories aufgenommen habe, lege Musik drüber oder nehme ein schnelles Voiceover auf und lege Text über das Video und eine kurze Caption. Fertig. Es muss nicht immer die große Produktion sein.

Zusätzlich gibt es mittlerweile von Instagram sogenannte Vorlagen, bei denen du nur noch Bild- oder Videomaterial einfügen musst und damit in Sekunden ein Reel erstellen kannst. Schneller und einfacher geht es nicht.

Mini-Trainigs und Expert*innen-Reels sind mit ein bisschen Übung fast genauso schnell gedreht, und mit ein bisschen Übung ist auch die nachträgliche Arbeit sehr schnell gemacht.

Sogenannte O-Ton-Reels, also Reels, bei denen du selbst sprichst oder für die du ein eigenes Voiceover erstellst, sind eine tolle Möglichkeit, um Verbindung und Vertrauen zu deiner Zielgruppe herzustellen.

Ich weiß, dass du immer ein bisschen Angst hast, dich zum Affen zu machen, aber schauen wir nicht alle am liebsten Reels, in denen es was zum Lachen gibt? Ich liebe es, wenn ich mich oder meine Kund*innen in einem Reel wiederfinde und es so auf den Punkt gebracht wird, dass ich einfach laut lachen muss. Wenn ich dabei noch was lerne oder einen Denkanstoß bekomme, bin ich glücklich! Das ist Content nach meinem Geschmack!

Du musst dich dabei nicht daran orientieren, was die anderen machen und lustig finden. Finde deinen eigenen Stil und zeige deinen Humor. Das ist authentisch und schafft wahre Verbundenheit zu deiner Community.

Auch wenn Reels ihre Übermacht in der Reichweitengewinnung langsam einbüßen, sind sie trotzdem nach wie vor eine tolle Möglichkeit, um neue Menschen auf deine Inhalte aufmerksam zu machen. Nutze das.

Let's talk about Produkttreppe

Wenn du dich bereits eine Weile in der Coaching- und Dienstleistungs-Bubble auf Instagram aufhältst, dann sind dir vielleicht schon zwei große Lager aufgefallen: Es gibt Coaches, die mehrere Produkte haben. Sie hauen eventuell sogar jeden Monat ein neues Angebot raus und man kann zwischen fünfzig und fünfzigtausend Euro für die Zusammenarbeit mit ihnen ausgeben. Ihre Produkte sind wie eine Treppe angeordnet, von günstigen Einstiegsprodukten, wie E-Books, Workshops, Masterclasses und Memberships, über kleinere Online-Kurse und Live-Programme bis hin zu großen 1:1-Angeboten. Die Idee hinter einer Produkttreppe ist es, Interessent*innen den Einstieg in die eigene Produktwelt mit günstigen Angeboten leichter zu machen und nicht alle Probleme in einem Programm, sondern Schritt für Schritt, Stufe für Stufe in unterschiedlichen Angeboten zu lösen. Auf der anderen Seite gibt es die, die ganz genau ein Produkt haben und es immer und immer und immer wieder verkaufen. Meist ist es ein großer halbautomatisierter Online-Kurs, der ein Thema umfassend bearbeitet.

Die, die immer und immer wieder das gleiche, sogenannte Signature-Produkt verkaufen, propagieren bei ihren Follower*innen auch genau diesen Weg, und die, die wie ich Fans einer Produkttreppe sind, empfehlen natürlich dieses Konzept weiter. Beides funktioniert, beides hat seine Vor- und Nachteile. Spoiler Alert: Für Anfänger eignet sich eine Produkttreppe viel besser als ein Signature-Programm.

Aber was ist überhaupt eine Produkttreppe und was ist der richtige Weg für dich?

Die meisten Kund*innen, die mich buchen, haben bereits einen Instagram-Account, einige Follower*innen und auch schon ein Produkt. Meistens ist es ein 1:1-Coaching- oder Dienstleistungsangebot, im unteren bis mittleren vierstelligen Bereich, das sie bisher aber selten oder sogar noch nie verkauft haben.

Das Wissen, um dieses Produkt zu erstellen, haben sie sich meist selbst angeeignet, über Podcasts, Blog-Artikel oder Instagram Content, und in den meisten Fällen wurde einfach eine grobe Struktur von einer anderen Coach übernommen, was bei einem ersten 1:1-Angebot nicht so tragisch ist. Passend dazu wird der Preis des Angebots oft durch Marktforschung ermittelt, statt wirklich kalkuliert. Das 1:1 Programm ist geboren.

Ich weiß, das klingt herablassend, aber ich mache den neuen Business-Startern gar keinen Vorwurf: Ein 1:1-Programm ist

der einfachste Start. Man braucht nicht viel Technik-Know-how und im Grunde braucht man nur ein*en Kund*in für den ersten großen Umsatz. Das klingt perfekt.
So dachte auch Fernanda, die nach fünf Monaten Selbstständigkeit zu mir kam und mir verzweifelt von ihrem Versuch berichtete, ihr Coaching-Programm zu verkaufen. Es war ein dreimonatiges 1:1-Programm, inklusive zwölf Einzelsessions, WhatsApp-Support und Workbooks. Kosten: 2.800 Euro.

Sie hatte zu dem Zeitpunkt circa fünfhundert Follower, aber noch keine Kundin gewonnen. Wie viele andere erhoffte Fernanda sich von mir eine schnelle Lösung, einen Verkaufs-Hack oder eine Strategie, die sie langfristig in ihrer Story anwenden könnte, um ihr Angebot zu verkaufen. Leider funktioniert das so nicht. Deshalb verordnete ich ihr statt eines Verkaufs-Hacks fünf Marktforschungsgespräche. Ich weiß, was du denkst, aber deine Wunschkund*innen zu kennen, ist nunmal die Basis für deinen Erfolg.

Anschließend ließ ich sie aufschreiben, welche Meilensteine ihre Wunschkund*innen nehmen müssen, um von ihrem Ausgangspunkt zu ihrem Endziel zu kommen. Diese Aufgabe fällt allen meinen Kund*innen schwer, denn sie fassen alle Unterpunkte gerne in einem Schritt zusammen: Wenn du über Instagram verkaufen möchtest, dann musst du verkaufen lernen. Klar, klingt total logisch. Aber so einfach ist das nicht: Du musst erstmal deine Zielgruppe definieren, ein Angebot entwickeln, lernen, wie man Content erstellt, Stories meistern, eine Community aufbauen, eine Verkaufsstrategie entwickeln – und erst dann lernst du das verkaufen.

Diese Zwischenschritte sind den meisten Käufer*innen, aber auch den Verkäufer*innen, oft gar nicht bewusst. Sie können aber dabei helfen, bessere Produkte zu entwickeln und sie besser zu positionieren. Zudem zeigt diese Kund*innenreise dir als Verkäuferin auf, ob es überhaupt realistisch ist, all diese Meilensteine in einem Programm zu erreichen, oder ob es sinnvoller ist, diese Schritte in kleinere Angebote zu unterteilen. Auch das kann man in einer Marktforschung, aber auch in der Betarunde eines 1:1-Programms herausfinden. Eine Betarunde ist eine Testrunde, in der man das Programm oder Angebot zu einem vergünstigten Preis anbietet und im Gegenzug Feedback und ein Testimonial für die Arbeit erhält.

Meine Zielgruppe zum Beispiel hat, wie Fernanda, schon einen Instagram-Account, ein Branding und auch schon ein Produkt. Sie sucht im Grunde nur noch einen Hack, mit dem sie leichter verkaufen kann. Dieser Zielgruppe brauche ich nicht mit Positionierung und Content-Erstellung um die Ecke zu kommen, auch wenn ich weiß, dass es oft an beidem noch hapert. Dadurch, dass diese Kund*innen fest davon überzeugt sind, dass diese Punkte nicht zu ihren Problemen gehören, werde ich ein Gesamtpaket von Positionierung, über Content-Erstellung bis zum Verkauf niemals an sie verkaufen können. Das weiß ich aber nur, weil ich immer wieder mit ihnen darüber gesprochen habe. Denn aus meiner Sicht haben sie an dieser Stelle sehr wohl noch Probleme, erkennen sie aber nicht und sind deshalb auch nicht bereit, Geld und Zeit in diese Themen zu stecken.

Solche Dinge musst du über deine Zielgruppe wissen, um ihr Angebote schneidern zu können, die genau zu ihren Bedürfnissen passen.

Ich kommuniziere das Thema Positionierung zum Beispiel nicht mehr als Baustein für mein 1:1. Das bedeutet nicht, dass ich diese Themen nicht behandle, im Gegenteil: Alle meine Kund*innen bekommen einen Positionierungs-Check von mir, auf dem wir dann in der weiteren Zusammenarbeit aufbauen. Aber anstatt potenzielle Kund*innen mit der falschen Kommunikation vorab abzuschrecken, bespreche ich diese Themen erst im Kennenlerngespräch, wenn ich die Kundin, ihre Ziele und ihren Account bereits kenne. So fällt es viel leichter, deutlich zu machen, warum ich denke, dass sie von einer Aufarbeitung dieser Themen profitieren könnte – oder auch nicht. Wenn du also besser verkaufen möchtest, ist es super wichtig, besser zu kommunizieren.

Im zweiten Schritt habe ich mir mit Fernanda ihre Pakete angeschaut.

Fernanda hatte bereits ein großes 1:1-Paket. Der Vorteil eines solchen Pakets ist, dass deine Kund*innen mit einem Kauf den gesamten Prozess aus einer Hand lernen. Wenn der Prozess allerdings zu komplex ist, auf dem Weg ein Hindernis erscheint und sie länger brauchen als geplant, dann erreichen sie das Ziel nicht. Es braucht also viel Zeit und Commitment, um als Kunde*in so ein großes Paket zu kaufen und durchzuziehen.

Außerdem sind diese großen 1:1-Pakete oft teuer und werden nur gekauft, wenn ein großes Vertrauen besteht, dass das Ziel erreicht werden kann und wenn das Produkte zu hundert Prozent passt. Wenn also, wie im Beispiel oben, Positionierung als ein Modul angepriesen wird, werden viele, die der Meinung sind, dass sie bereits gut positioniert sind, nicht zuschlagen. Gleiches gilt für alle Interessent*innen, die gerade nicht das Budget haben, um mit dir im 1:1 zuarbeiten oder die, die unsicher sind, für welche Coach sie sich entscheiden sollen. Beiden Gruppen kannst du einen Gefallen tun, wenn du ihnen die Möglichkeit gibst, auch außerhalb des 1:1 mit dir zusammenzuarbeiten.

Aber Achtung: Aus deinem 1:1 einen Online-Kurs zu machen

und diesen zu einem günstigeren Preis anzubieten, wird dir und deinem Business wahrscheinlich eher schaden als helfen. Woher sollen deine Kund*innen denn wissen, für welches Angebot sie sich entscheiden sollen, wenn in beidem das Gleiche drin ist und nur dein Support, unter dem sie sich im Zweifelsfall nichts vorstellen können, den Unterschied macht? Genau: gar nicht.
Oder sie entscheiden sich für das günstigere Paket und dein 1:1 bricht ein. Auch blöd.

Deshalb solltest du keine Pakete erstellen, die das gleiche Problem lösen, aber anders verpackt sind, sondern im besten Fall sollten deine Pakete aufeinander aufbauen.

Dafür brauchst du im Übrigen wieder die Kund*innenreise und die einzelnen Meilensteine, die deine Kund*innen erreichen müssen, um von ihrer Ausgangssituation zu ihrem Ziel zu kommen. Wo macht es Sinn, ein bis zwei Meilensteine zu nehmen und aus diesen Schritten ein eigenes Produkt zu machen? Ein Beispiel: Ich als Business Coach setze bei meinen Kund*innen im 1:1 meistens erst an, wenn schon eine grobe Positionierung, Produktidee, etc. besteht.

Auch mein Signature-Programm HAPPY SALES hilft Unternehmer*innen beim Verkauf, die bereits ein Produkt und einen Instagram-Account haben. Die Entwicklung der Produktidee und einer Positionierung muss zu diesem Zeitpunkt schon abgeschlossen sein.

Deshalb wäre es für mich total sinnvoll, einen Online-Kurs, eine Masterclass oder ein Workbook zu einem kleinen Preis zu entwickeln, das Interessent*innen, die noch nicht an diesem Punkt sind, dabei unterstützt, eine Business- und Produkt-Idee zu entwickeln. Alle, die diese Hürde genommen haben, können dann einen meiner Content-Kurse buchen und anschließend bei HAPPY SALES verkaufen lernen. Natürlich können sie das alles auch mit mir zusammen im 1:1 entwickeln, aber diesen Weg wählen nur diejenigen, die bereit sind, das höhere Invest und Commitment aufzubringen.

Die Kunst, eine solche Produkttreppe aufzubauen, besteht darin, Produkte zu entwickeln, die sinnvoll aufeinander aufbauen und zueinander überleiten, ohne sich zu sehr zu überschneiden.

Wenn deine Kund*innen das Endziel haben, auf Instagram erfolgreich zu verkaufen, dann sollte dein Produkt zu dem Endziel erst am Ende der Produkttreppe platziert sein und nicht bereits in einer Masterclass zum Preis von 49 Euro abgehandelt werden. Die Masterclass am Anfang der Produkttreppe kann aber zum Beispiel das Thema Positionierung aufgreifen und zu einem Mini-Kurs zum Thema Content-Erstellung und Storytelling überleiten. Wenn deine Kund*innen diese beiden Themen gemeistert haben und mit deiner Arbeit zufrieden waren, sind sie bereit, höher zu investieren und an einem größeren Live-Programm zum Thema Verkaufen teilzunehmen. Sei dir bewusst darüber, dass nicht alle deine Kund*innen alle Stufen deiner Produkttreppe durchlaufen wollen und werden. Manche werden nur die erste Masterclass kaufen, manche entscheiden sich für deinen Content-Kurs und wieder andere überspringen alles und steigen bei deinem Signature-Programm ein. Das ist vollkommen okay. Nur, weil du die Chance bietest, dass alles bei dir gekauft werden kann, müssen deine Kund*innen dieses Angebot nicht annehmen. Allerdings ist die Chance viel höher, dass bei einem breiteren Angebot für mehr Menschen etwas dabei ist und sie bereit sind, dich für einen kleineren Betrag kennenzulernen.

Natürlich ist eine Produkttreppe erst mal Arbeit und erscheint für viele Starter*innen extrem aufwendig, weshalb sie lieber die Signature-Programm-Strategie verfolgen möchten. Das verstehe ich total gut. Die ganzen großen Coaches machen es so vor. Sie haben (scheinbar nur) ein großes Produkt, das sie erfolgreich hundertfach verkaufen und mit einem Launch 100.000 Euro und mehr machen.

Ja, das ist möglich. Auf jeden Fall. Allerdings haben diese großen Coaches ganz generell eine andere Strategie: Alle von ih-

nen bespielen mehr als einen Kanal und alle nutzen Ads als Brandbeschleuniger oder haben bereits eine so große Zielgruppe, dass sie gar keinen Brandbeschleuniger mehr brauchen. Außerdem ist ihr Expert*innenstatus schon so groß, dass sie es sich erlauben können, hohe Beträge für ihre Produkte zu verlangen.
Natürlich kannst du das auch erreichen und Schritt für Schritt darauf hinarbeiten, aber das wird dich Zeit, Geld und sehr viel Geduld kosten.

Aus diesem Grund empfehle ich Business-Starter*innen, sich erst mal eine kleine Produkttreppe aufzubauen: mit einem Workshop als unterste Stufe, einem kleinen Coaching-Paket oder einem kleinen Kurs für die Mitte und einem großen 1:1-Paket. Das ist gar nicht so viel Mehraufwand wie der zwölfmodulige Online-Kurs, den ich bei vielen Anfänger*innen schon gesehen habe, und bietet dir die Möglichkeit, Interessent*innen auf den unterschiedlichsten Stufen ihrer Kund*innenreise abzuholen.

Als ich Fernanda das Konzept der Kund*innenreise erklärt habe, war ihre erste Idee, als Einstiegsprodukt eine einzelne 1:1-Session anzubieten. Bitte nicht!

Stattdessen schlug ich ihr vor, als Einstieg in ihre Welt einen Workshop zu erstellen. Der Vorteil: Ein Workshop kann mehrfach verkauft werden und lässt sich thematisch auf ein Mikro-Problem begrenzen. So können Interessent*innen zu einem kleinen Preis einen Blick in deine Welt und Arbeitsweise werfen. Im Gegensatz zu einer einzelnen Session untergräbt dieses Angebot ihr 1:1-Programm nicht und bietet ihr gleichzeitig die Möglichkeit, mit mehreren Kund*innen gleichzeitig zu arbeiten, Erfahrungen zu sammeln. Je nach Größe der Community und Anzahl der Teilnehmenden kann sie so mehr Umsatz als mit einer einzelnen 1:1-Session bei ungefähr gleichem Zeitaufwand generieren.

Damit die Produkttreppe für dich und dein Business funktioniert, ist es wichtig, dass die Produkte nach dem Stufenmodell bepreist sind und entsprechend deiner Zeit und Aufmerksamkeit bedürfen.

Das Einstiegsprodukt sollte deshalb am günstigsten bepreist und am besten komplett automatisiert sein, sodass du nach der Erstellung wenig bis keinen Aufwand damit hast. Damit die Produkttreppe funktioniert, muss dieses Produkt für möglichst viele Interessent*innen zur Verfügung stehen und möglichst wenig deiner Aufmerksamkeit benötigen.

Der Preis und deine Zeit und Aufmerksamkeit gegenüber dem einzelnen Teilnehmer, steigen dann mit den Stufen der Produkttreppe.

Wenn du mit einer einzelnen 1:1-Session als Einstiegsprodukt startest, ist dieses Produkt immer von dir und deiner Zeit abhängig und ist nach oben hin gedeckelt, weil deine Zeit begrenzt ist. In dem speziellen Fall tust du dir zusätzlich nichts Gutes, weil du mit dem Pricing der Einzelstunde auch das Pricing des groß en 1:1-Pakets mehr oder weniger deckelst, denn warum sollte jemand mehr für ein zwölfwöchiges 1:1-Paket als für zwölf Einzelstunden zahlen? Das ist schwer zu verargumentieren.

Deine 1:1-Zeit sollte nur auf deiner höchsten Produktstufe, als Upsell eines mittelpreisigen Produkts und als besonderes Angebot für deine 1:1-Kundschaft zur Verfügung stehen. Deine Aufmerksamkeit und Zeit sind dein höchstes Gut. Verramsche beides niemals in niedrigpreisigen Produkten.

Für den Verkauf ist es wichtig, dass du dich für jedes der Produkte auf deren USP (Unique Selling Point) fokussierst und die Vorteile nicht vermischst. Welches Produkt ist für welche*n Kund*in mit welcher Problemstellung gedacht? Das muss zu jeder Zeit klar werden. Außerdem macht es Sinn, den Verkauf des Einstiegsprodukts zu automatisieren und immer zugänglich zu machen. Es ergibt Sinn, es immer wieder zu erwähnen, prominent auf deinem Account und deiner Website zu präsentieren und gegebenenfalls sogar als Tiny Offer mit Ads zu Bewerben: Achtung: Der Begriff ist geschützt. Nutze ihn lieber nicht, um deine Angebote so zu nennen oder damit zu werben.

Eine Produkttreppe funktioniert aber immer nur so gut wie die Verbindung der Produkte untereinander. Überlege dir deshalb genau,wie du deine Kund*innen von einem Produkt zum nächsten lenkst und welche Anreize du schaffen kannst, um ihnen die Entscheidung für das nächste Produkt zu erleichtern.

Die richtige Produktstruktur für dich und dein Business zu finden, ist am Anfang nicht so einfach und erfordert strategische Planung.

Außerdem ist es wichtig, zu wissen, wo man mit seinem Unternehmen langfristig hin möchte, um die richtigen Bausteine für die Produkttreppe zu entwickeln.

Nachdem Fernanda die Meilensteine der Kundenreise aufgeschrieben hatte, strukturierten wir zuerst ihr 1:1-Programm um und fokussierten uns in der Kommunikation auf die bewussten Probleme ihrer Wunschkund*innen.

Im nächsten Schritt entwickelten wir einen Workshop, der als Einleitung in ihr Expertenthema diente und den wir für unter 100 Euro anboten. Dadurch, dass Fernanda schon einige Monate aktiv über ihr Expertenthema gesprochen hatte, gab es einige Follower*innen, die sich für sie und ihre Arbeit interessierten, aber nicht bereit gewesen waren, fast 3.000 Euro in eine langfristige Zusammenarbeit zu investieren. Den Workshop verkaufte sie sieben mal, was zwar kein riesiger Umsatz war, ihr aber zwei Dinge zeigte:

1. Das Thema funktioniert und es gibt Interessent*innen für dieses Thema.
2. Ich werde als Expertin wahrgenommen, aber es fehlt das Vertrauen, einen vierstelligen Betrag in mich zu investieren.

Ja, man hat nicht immer nur schöne Erkenntnisse, wenn man Dinge ausprobiert, aber wir wussten nun, wo wir ansetzen konnten. Aus dem Workshop heraus verkaufte Fernanda eine kleine Umsetzungs-Mastermind und konnte dafür immerhin drei der sieben Teilnehmerinnen begeistern. Ein guter Schnitt, wie ich finde. Damit machte sie dann auch ihren ersten vierstelligen Umsatz und sammelte Testimonials für den Workshop und für die längere Zusammenarbeit in der Mastermind.

Die Feedbacks, Testimonials und die Erfolge, die ihre Kund*innen feierten, halfen Fernanda dabei, besser zu verstehen, was ihre Zielgruppe braucht und die Vorteile ihres 1:1-Coachings besser zu kommunizieren, wodurch sie im Rahmen unserer zwölfwöchigen Zusammenarbeit eine 1:1-Kundin gewann und damit die Kosten für unsere Zusammenarbeit wieder eingenommen und sogar Gewinn gemacht hatte. Das Beste an dem Konzept? Es lässt sich beliebig wiederholen und je mehr Follower*innen man hat, desto mehr Teilnehmer*innen gewinnt man im folgenden Workshop, der folgenden Mastermind und dem 1:1-Programm.

Was am Anfang nicht funktioniert hat, funktioniert mit einer aufgebauten Reputation, starken Testimonials und Erfahrung irgendwann auch leichter: Heute verkauft Fernanda ihre 1:1-Coachings auch an völlig unbekannte Follower*innen, die zuvor in keinem ihrer Workshops oder Programme gewesen sind. Genauso hat sie Kund*innen, die immer wieder an unterschiedlichen Workshops teilnehmen, aber nie eine Mastermind oder ein 1:1-Coaching buchen. Mit allen macht sie Umsatz und die unterschiedlichen Einkommensströme sichern sie ab.

Ich bin Anfang 2021 übrigens direkt mit einem 1:1-Programm gestartet und habe es mit 217 Follower*innen zum ersten Mal verkauft. Mit 221 Follower*innen war es zum ersten Mal ausverkauft. Es kann also klappen.

Anschließend konzentrierte ich mich auf die Erstellung und den Launch meines ersten Gruppenprogramm: EMPOWER. Ich launchte nach allen Regeln der Kunst und konnte vier Teilnehmer*innen von meinem Angebot überzeugen.

Da ich wusste, dass sich einige für EMPOWER interessiert, aber dagegen entschieden hatten, wollte ich im Anschluss etwas anbieten, dass für eine größere Anzahl an Menschen zugänglich und gleichzeitig deutlich günstiger war. An einem Freitagnachmittag kam mir die Idee für die EVOLVE MEMBERSHIP, die ich übers Wochenende zusammen mit meiner VA aufsetzte und ab Montag verkaufte. Ich gewann 23 Gründungsmitglieder und freute mich wie Bolle.

Dieser Launch hat im Nachhinein meine Art, zu verkaufen und meine Einstellung zu Einstiegsprodukten geändert. Obwohl mir einige Seiten von einer Membership abrieten und meinten, ich solle mir nicht so viel Arbeit für so ein günstiges Produkt machen, kann ich heute mit Überzeugung sagen, dass die Gründung von EVOLVE der Grundstein für meinen weiteren Erfolg war.

Der Grund? Der Launch von EMPOWER hatte schon viel Aufmerksamkeit auf sich gezogen, doch leider konnte ich mit den Verkäufen nicht so richtig glänzen. Das änderte sich nun durch den Erfolg von EVOLVE. Außerdem kam die Membership extrem gut an und aus den Teilnehmer*innen wurde sehr schnell eine eingeschworene Gruppe, die regelmäßig gemeinsam mit mir co-workte, zu Content-Cocktails (Content-Brainstormings) oder Happy Hours (Reflexions- und Zielsetzungs-Sessions) kam. Diese enge Kundenbindung und der Vertrauenaufbau über mehrere Monate führte dazu, dass viele dieser Kund*innen weitere Programme von mir kauften oder zu 1:1-Kund*innen wurden und die Membership sich so zum Vertriebskanal entwickelte.

Würde ich jeder Unternehmer*in empfehlen, mit einer Membership zu starten? Nicht unbedingt. Ich habe richtig viel Zeit in dieses Projekt investiert und es war auch technisch nicht unaufwendig. Würde ich jeder Unternehmer*in empfehlen, ein automatisiertes Einstiegsprodukt in ihre Produkttreppe aufzunehmen?

Auf jeden Fall.

Sales, Sales, Sales

Verkaufen wollen wir alle, deshalb haben wir ein Unternehmen. Nichtsdestotrotz fällt es vielen Unternehmer*innen am Anfang erst mal schwer, mit dem eigenen Angebot rauszugehen und davon zu erzählen.

Hinzu kommt, dass viele alteingesessene Coaches und Dienstleister*innen den Verkaufsprozess oft sehr leicht aussehen lassen, weil sie scheinbar einmal von ihrem Produkt erzählen und ihnen dann direkt die Türen eingerannt werden.

Lass dir gesagt sein: So funktioniert es bei den wenigsten. Natürlich lässt es sich viel leichter an eine warme Zielgruppe verkaufen, als an eine kalte, weshalb du wirklich Zeit in deinen Community-Aufbau stecken solltest. Wenn man ein Produkt bereits zwei- bis dreimal gelauncht hat, wird der Verkauf auch leichter: Viele deiner Follower*innen kennen dein Produkt bereits, müssen nicht mehr viel darüber lernen, haben die Entscheidung, zu kaufen, vielleicht schon viel früher getroffen oder mussten nur noch eine Frage beantwortet bekommen, bevor sie sich zum Kauf entscheiden. Wenn eine solche Interessent*in dann schon am ersten Verkaufstag zuschlägt, sieht es natürlich aus, als müssten wir ein Produkt nur einmal erwähnen und schon wird es uns aus den Händen gerissen. In der Realität ist das aber jahrelange Arbeit.

Um ehrlich zu sein, könnte ich über das Thema Verkaufen alleine ein ganzes Buch schreiben. Nicht umsonst enthält mein HAPPY SALES-Programm sechs intensive Modulen und dauert sechzehn Wochen.

Ich weiß, dass alle Online-Unternehmer*innen denken, dass sie nur den einen Hack oder den ganz besonderen Trick lernen müssen, um erfolgreich mit Instagram zu verkaufen. Aber so einfach ist es nicht.

In einer Podcast-Folge wurde ich gefragt, welchen Tipp ich allen Frauen mitgeben wollen würde, um besser zu verkaufen. Meine Antwort: Arbeite an den Basics. Positionierung, Content-Erstellung und Sichtbarkeit – wenn diese drei Säulen nicht stabil stehen, dann wird es schwierig, Kund*innen für deine Programme zu finden und von deiner Expertise zu überzeugen. Also: Arbeite zuerst daran, bevor du dir Gedanken über eine Launch-Strategie machst.

Hätte ich einen zweiten Tipp geben dürfen, wäre es Folgender gewesen: Schau dir keine Launch-Strategien von Menschen ab, die viel weiter sind als du. Klingt komisch, oder? Eigentlich heißt es ja: Lerne von Menschen, die da sind, wo du hinwillst – und ich sage jetzt, dass du dir bei ihnen nichts abgucken sollst? Genau.

Denn: Jemand, der schon zwei bis drei Jahre im Geschäft ist, bereits mehrere Kanäle erfolgreich bespielt, regelmäßig und erfolgreich launcht, eine große Community hat und dabei von mehreren Mitarbeitern unterstützt wird, hat natürlich andere Voraussetzungen als du.

Deshalb ist es die völlig falsche Strategie, das zu übernehmen, was du bei diesen Coaches auf allen Kanälen siehst. Von ihnen lernen kannst du natürlich trotzdem, indem du bei ihnen ins Mentoring gehst oder ihre Programme kaufst, aber dann werden sie dir auch erst mal das Grundgerüst zeigen und nicht die Kür, die sie heute vollführen.

Wenn ich meine Kund*innen von HAPPY SALES frage, warum sie sich für dieses Programm bei mir entschieden haben, dann sagen sie Dinge wie: „Ich wollte genauso authentisch und entspannt verkaufen lernen, wie du.“, „Bei dir sieht verkaufen so leicht aus, das will ich auch lernen.“ oder „Ich will verkaufen von der Besten lernen.“ Das schmeichelt mir natürlich sehr und ich freue mich, dass die Art, wie ich verkaufe, so einfach aussieht, aber natürlich war das nicht immer so.

Als ich angefangen habe, meine ersten Instagram-Coachings über die App zu verkaufen, hatte ich einen Vorsprung: Ich wusste, wie Marketing funktioniert, hatte durch meinen ehemaligen Beauty-Blog keine Scheu davor, mich vor der Kamera zu zeigen und war es gewohnt, aus Sicht der Kund*innen zu denken und für sie zu schreiben. Deshalb fiel es mir nicht schwer, mein erstes 1:1 schriftlich in einem Post zusammenzufassen, in einer Story darüber zu sprechen oder Content zu erstellen, der zu meinem Angebot führte.

Doch obwohl ich wusste, dass Kund*innen ein Angebot im Schnitt sieben mal sehen müssen, bevor sie einen Kauf in Betracht ziehen, war es für mich unfassbar schwer, diese sieben Kontaktpunkte anzubieten und auszuhalten.

Du kennst es vielleicht selbst: An Tag eins und zwei deines Launchs bist du noch super motiviert, hast einen Produkt-Post vorbereitet, feierst eine Party in der Instagram Story und freust dich, von deinem Baby zu erzählen. Dann geht das Warten los … Du schaust alle zwei Minuten in die App und deinen Posteingang und wenn spätestens nach vierundzwanzig Stunden niemand kauft, ist in deinem Kopf aus dem tollen neuen Angebot schon ein Flop geworden.

Von: „Warum soll ich denn noch mal darüber reden? Es kauft doch eh niemand." über: „Ich habe es doch ausführlich beschrieben, sie müssen doch jetzt wissen, um was es geht." bis zu „Ich schmeiß alles hin. Ich bin einfach nicht für die Selbstständigkeit gemacht." ist bei den Reaktionen auf einen ersten schlechten Launch-Tag oft alles dabei.

Dabei war diese Vorstellung deines Produkts sehr wahrscheinlich der allererste Kontaktpunkt mit deinem Angebot. Damit deine Follower wirklich verstehen, worum es geht, braucht es noch die ein oder andere Story, einige Posts und von deiner Seite viel Durchhaltevermögen und Geduld.

Statt also nach Tag eins des Launches direkt deprimiert die Flinte ins Unternehmerkorn zu werfen, solltest du möglichen Interessent*innen die Chance geben, dein Produkt und dich wirklich gut kennenzulernen und zu verstehen, dass dein Produkt das Richtige für sie ist.

Ich sehe es immer wieder: Ein Produkt-Post, eine Erklärung über das neue Produkt in der Story und danach nur noch Canva-Slides über Canva-Slides mit den Hardfacts deines Produkts. Kannst du mir mal sagen, warum ich diese Slides anschauen sollte? Also, das war jetzt keine rhetorische Frage, sondern eine Aufforderung: Kannst du mir bitte vor den Canva-Slides erklären, warum ich lesen sollte, was da drauf steht, damit ich mir die Zeit nehme?

Bevor deine Follower*innen sich für dein Produkt interessieren, müssen sie erst mal verstehen, dass sie überhaupt ein Problem haben, das du löst. Wir machen oft den Fehler, dass wir denken: Es ist doch ganz offensichtlich was unserer Zielgruppe fehlt. Sie sieht das aber überhaupt nicht und ist deshalb auch nicht bereit, für die Lösung Geld auszugeben (Stichwort: Positionierung) oder überhaupt etwas zu deinem Angebot zu lesen. Geht dir ja auch so: Wenn du Vegetarier*in bist, blätterst du über die Wurst-Angebote im Wochenblatt deines Supermarkts ja auch hinweg. Genauso machen es deine Follower, wenn sie nicht verstehen, dass deine Canva-Slides die Lösung zu ihrem Problem bieten.

Blöd für dich, weil du dein Angebot nicht verkaufst, blöd für deine Community, weil sie im Zweifelsfall Geld für die falschen Lösungen ausgibt.

Deshalb ist es wichtig, dass du zu allererst ein Problembewusstsein herstellst. Mach deinen Followern klar, wo ihr Problem wirklich liegt, was ihnen wirklich fehlt und warum es so wichtig ist, dass sie diese Herausforderung endlich hinter sich lassen. Erst, wenn sie das verstanden haben, kannst du mit deiner Lösung um die Ecke kommen und erst dann wird dein Angebot auf fruchtbaren Boden fallen.

Wenn du dir sicher bist, dass deine Follower*innen ihr Problem kennen, kannst du ihnen dabei helfen, zu verstehen, warum genau dein Produkt oder Angebot das Richtige für sie ist.

Überlege dir: Was brauchen Interessent*innen, um sich für ein Produkt zu entscheiden?

Es sind drei Dinge:
1. Vertrauen in dich: Interessent*innen müssen sich sicher sein, dass du die Richtige bist, um ihr Problem zu lösen.
2. Vertrauen in dein Produkt: Zukünftige Kund*innen müssen sicher sein, dass dein Produkt sie dahin bringt, wo sie hinwollen.
3. Vertrauen in sich selbst: Sie müssen das Selbstvertrauen haben, dass sie alles, was du ihnen beibringst, auch umsetzen.

Ein Grundvertrauen in dich hat deine Community hoffentlich schon aus deinem Prelaunch und Community-Aufbau. Trotzdem ist es wichtig, regelmäßig zu zeigen, dass du Expertin für genau dieses Thema bist. Zeig Testimonials deiner bisherigen Arbeit, Erfolge anderer Kund*innen und mach deutlich, wie du zu deinem Wissen gekommen bist und welche Erfolge du selbst schon feiern konntest.

Vertrauen in ein noch neues und unbekanntes Produkt zu fassen, ist ein bisschen schwieriger. Hier muss alles passen und deine Interessent*innen müssen genau verstehen, was du dir mit dem Produkt gedacht hast und für wen an welcher Stelle der Kund*innenreise es gedacht ist. Werde deshalb kreativ, wenn du davon sprichst, und beleuchte ein Produkt von allen

Seiten. Erzähl nicht immer nur von den Hard Facts, wie Anzahl der Termine, Start, Preis und Name, sondern lass deine Follower auch mal reinschauen (wenn möglich).

Zeig den Kursbereich oder die Facebook-Gruppe, in denen sich schon erste Käufer*innen tummeln, zeige erste Aufgaben, die deine frisch gebackenen Kund*innen im Onboarding erledigen müssen oder auch Slides und Tools, die du für den Workshop nutzen wirst. Das schafft Vertrauen in dein Produkt und versichert allen, die noch nie bei dir gekauft haben, dass hinter dem Kaufen-Button wirklich etwas zu finden ist.

Wichtig ist an dieser Stelle auch, glasklar zu machen, für wen das Produkt etwas ist und für wen nicht. Interessent*innen geben ungern Geld aus für Dinge, die sie schon (glauben zu) haben oder (glauben zu) können. Wenn du also ein Programm für Fortgeschrittene anbietest, dann ist es wichtig, dass du die Anfänger*innen in der Kommunikation ausschließt, bzw. keine Anfänger*innenthemen in die Kommunikation aufnimmst.

Ich habe es schon mal gesagt: Meine Zielgruppe ist der Meinung, sie wäre bereits gut positioniert. Aus diesem Grund heißt das erste Modul bei HAPPY SALES nicht Positionierung, sondern Produktpositionierung. Hier richten wir das Produkt auf eine bestimmte Zielgruppe aus. Gleichzeitig gibt mir dieses Modul die Möglichkeit, noch mal generell über die

Positionierung der Teilnehmerinnen zu schauen und hier und da einen Tipp zu geben, oder in den Mastermind Sessions Lücken anzusprechen, bevor es im nächsten Schritt direkt um die Kund*innenreise und den Community-Aufbau geht. Beides funktioniert ohne definierte Zielgruppe nämlich nicht.

Am schwierigsten ist es, deiner Community Vertrauen in sich selbst und ihr Durchhaltevermögen zu vermitteln. Die meisten haben schon den ein oder anderen Kurs, Coachings und Mentorings hinter sich gebracht und waren damit mehr oder weniger erfolgreich. Den einen Kurs haben sie nicht durchgezogen, das andere Mentoring hat sie überfordert und die heutige Masterclass schauen sie sich in der Aufzeichnung an. Morgen oder vielleicht auch nie. Je mehr sie kaufen und je weniger sie davon umsetzen, desto weniger sind sie bereit, neu zu investieren. Sie haben das Wissen ja, sie müssen es nur noch umsetzen.

Um die Interessent*innen, die an sich selbst zweifeln, von dem Kauf deines Angebots zu überzeugen, musst du ihnen zeigen, wie du ihnen dabei hilfst, in die Umsetzung zu kommen. Gibt es zu deiner Masterclass ein Workbook oder eine Facebook-Gruppe, in der sich ausgetauscht wird? Enthält dein Gruppenprogramm Co-Working-Sessions, die dafür sorgen, dass an einigen Tagen in der Woche speziell an einem Thema gearbeitet wird? Oder bietest du ein Buddy-System an, bei dem sich zwei Teilnehmer*innen gegenseitig unterstützen, um voranzukommen?

Diese Bausteine deines Programms haben für dich zwei Vorteile:
Deine Teilnehmer*innen erzielen bessere Ergebnisse, weil sie leichter in die Umsetzung kommen, und du hast Argumente für Interessent*innen, die gerade noch an ihrer eigenen Umsetzungskraft zweifeln. Wenn du dann noch Testimonials vorweisen kannst, die aufzeigen, das frühere Teilnehmer*innen ebenfalls unsicher gewesen sind, aber es dank deiner Unterstützung und dem Aufbau deines Programms geschafft haben, alles Gelernte umzusetzen und damit erfolgreich zu werden, dann sind die Zweifel deiner Interessent*innen schnell weggeblasen.

Ich weiß, das klingt jetzt nach wirklich vielen Dingen, die du beachten solltest und die du machen musst, um erfolgreich zu verkaufen. Aber im Grunde geht es nur um Vertrauen und Motivation. Was hilft dir dabei, Vertrauen in dich und andere zu fassen?

Pricing – oder was nehme ich für meine Angebote?

Preise für deine Angebote festzulegen, kann am Anfang ganz schön schwer sein. Woran orientiert man sich, wenn man ein Produkt bepreist, für das man (scheinbar) keine Kosten hat?

Aus meiner Erfahrung gibt es zwei Arten von Business-Startern: Die, die ihre Produkte viel, viel, viel zu günstig anbieten und die, die direkt mit High-Price-Extravaganza einsteigen. Beide Strategien haben so ihre Stolpersteine.

Und dann kursieren da draußen noch einige andere Strategien: Die einen channeln ihre Preise, die anderen würfeln eine Zahl und machen daraus eine Angel Number. Wieder andere orientieren sich an ihren Mitbewerber*innen, also am marktüblichen Preis.

Das Problem daran: Jede dieser Methoden ist willkürlich. Keine sorgt dafür, dass du sicher am Ende des Monats deine Rechnungen und deine Miete zahlen kannst. Vielleicht hast du Glück und du hast am Ende des Monats ein fettes Plus raus, vielleicht hast du dich aber auch völlig verkalkuliert und zahlst trotz richtig viel Arbeit drauf! Das wünsche ich dir echt nicht.

Die Lösung: Du solltest deine Preise kalkulieren und in eine Preisstrategie einbetten. Klingt schwierig, ist es aber gar nicht. Generell solltest du dir zuallererst bewusst machen, welche Ausgaben du privat, aber auch in deinem Unternehmen hast und wie viel Umsatz du machen musst, um diese Ausgaben tragen zu können und genug Geld für Steuern, Altersvorsorge und unvorhergesehene Ausgaben zur Seite legen zu können. Außerdem soll dein Unternehmen wachsen, weshalb du vielleicht auch für neue Anschaffungen, Büroräume, eine Mitarbeiterin usw. planen möchtest. Auch diese möglichen zukünftigen Kosten solltest du mit in deine Umsatzplanung einbeziehen.

Sehr wahrscheinlich wird eine Mitarbeiterin in den ersten Monaten keine Rolle für dich spielen, aber vielleicht möchtest du in einem Jahr mit einer zusammenarbeiten. Dann macht es definitiv Sinn, das in deine langfristige Ausgaben aufzunehmen und den Umsatz dementsprechend zu planen.

Wenn du also weißt, wie viel Umsatz du jeden Monat machen musst, nehmen wir mal 5.000 Euro, solltest du im nächsten Schritt schauen, wie viele umsatzgenerierende Stunden du pro Monat anbieten kannst. Heißt: Wie viele Stunden im Monat kannst du tatsächlich coachen oder an Kund*innenprojekten arbeiten? Die Anzahl der Stunden ist individuell und es kann sein, dass du erst mal ein bisschen ausprobieren musst, um

herauszufinden, wie viel Zeit du tatsächlich an Kund*innen-projekten arbeiten kannst.
Angenommen, du schaffst am Anfang ein Coaching von 60 Minuten am Tag. Dann hast du fünf umsatzgenerierende Stunden pro Woche und 20 umsatzgenerierende Stunden im Monat.

Da du zu Beginn noch keine Online-Kurse, Gruppenprogramme oder passive Produkte hast, müssen diese 20 Stunden pro Monat deinen Umsatz von 5.000 Euro erwirtschaften.

Das heißt, für diese umsatzgenerierenden Stunden müsstest du einen Stundenlohn von 250 Euro (5.000 geteilt durch 20 = 250 Euro) nehmen, um auf den gewünschten Umsatz von 5.000 Euro zu kommen. Das klingt erst mal nach extrem viel, aber lass uns mal schauen, was in dieser einen Coaching-Stunde tatsächlich drinsteckt.

Für diese eine Coaching-Stunde bereitest du im Schnitt zwei Stunden vor und eine Stunde nach, plus die eine Stunde Präsenz bist du also schon bei vier Stunden Arbeitszeit, die du mit dieser einen umsatzgenerierenden Stunde abdecken musst. Bietest du jetzt zusätzlich noch Betreuung zwischen den Sessions an und kalkulierst dafür 4 x 15 Minuten pro Woche, bist du schon bei fünf Stunden, die du auf die umsatzgenerierende Stunde umlegen musst. Das sind 50 Euro brutto pro Arbeitsstunde. Klingt gar nicht mehr so überzogen, oder? Es ist fast sogar ein bisschen wenig.

Nimmt deine Kundin also vier Coaching-Stunden pro Monat in Anspruch, dann müsste dein monatliches Coaching nach dieser Rechnung 1.000 Euro kosten und du könntest und müsstest fünf Kund*innen pro Monat betreuen, um auf die gewünschten 5.000 Euro Umsatz monatlich zu kommen.

Aber Achtung: Angenommen, du füllst wirklich alle 5 umsatzgenerierenden Stunden pro Woche, würde das nach unserer Rechnung bedeuten, dass du 25 Stunden in der Woche nur mit Coaching plus Vor- und Nachbereitung beschäftigt bist.

Wann immer ich das meinen Kund*innen so vorrechne, bekomme ich zwei Reaktionen: „Ich brauche keine zwei Stunden Vorbereitung und eine Stunde Nachbereitung pro Session. Das ist viel zu viel. Ich habe doch schon alle Unterlagen."

Natürlich braucht es viel länger, wenn du gerade erst mit Coaching startest, um die einzelnen Sessions vorzubereiten, als wenn du bereits zwei Jahre lang regelmäßig coachst, deine Unterlagen bereitliegen und du nur noch kleine Änderungen an den Worksheets vornehmen musst, bevor du sie verschickst oder zur Verfügung stellst.

Die Zeit, die du pro Kund*in brauchst wird mit mehr Erfahrung weniger werden. Um aber ein individuelles 1:1-Coaching anbieten zu können, wirst du immer mal wieder neue Dinge entwickeln oder an der ein oder anderen Stelle ausführlicher unterstützen müssen. Vielleicht merkst du auch, dass ein Template gar nicht passt und du es neu aufsetzen musst – das braucht Zeit. Nur so entwickelt sich die Qualität deines Coaching-Angebots stetig weiter. Unterschätze also nicht, wie viel Zeit du auch noch nach Jahren in dein laufendes Coaching stecken wirst. Die Stunden dafür müssen in deinen Zeit- und Umsatzplanungen beachtet werden. In diese Planung sind auch On- und Off-Boarding eingerechnet, die Uploads der Session, die Zusammenfassung der Ergebnisse usw. Das dauert alles, selbst wenn du effizient arbeitest und Workflows für dich entwickelt hast.

Die zweite Reaktion meiner Mentees ist immer: „Wow, nur 25 Stunden Arbeit pro Woche für 5.000 Euro Umsatz – das ist ja mega."

Stopp: Die 25 Stunden beinhalten nur die Zeit, die du mit deinen Kund*innen verbringst, die du schon gewonnen hast. Marketing, Verkauf, Produktentwicklung, Buchhaltung, Netzwerken und all die anderen Dinge, die in deinem Business so anfallen und die nicht direkt auf ein Produkt umlegbar sind, hast du dann noch gar nicht eingerechnet. Weder in deinen

Wochenplan (der nach dieser Berechnung wirklich voll werden würde), noch in deiner Stundenlohnberechnung.

Deshalb solltest du dir bei so einer Berechnung immer genau anschauen: Kann ich wirklich fünf 1:1-Kund*innen pro Woche betreuen? Oder ist das zu viel für mich? Bei den meisten Business-Anfänger*innen sind fünf Klient*innen zu viel, ganz davon abgesehen, dass diese ja auch gewonnen werden müssen.

Wenn du also nur drei 1:1 Klient*innen pro Woche betreuen kannst, woher kommt dann der andere benötigte Umsatz? Entweder musst du den Stundenlohn pro umsatzgenerierende Stunde anheben (5.000 geteilt durch 12 = 416,67 Euro), was den Preis deines Monatscoachings auf 1.666,67 Euro anhebt. Alternativ ergibt es Sinn, außerhalb des 1:1 zu denken und Produkte zu entwickeln, in denen du zeitlich weniger intensiv eingespannt bist und die im besten Fall einen höheren Umsatz pro Arbeitsstunde bringen. Die meisten meiner Kund*innen denken da direkt an Online-Kurse. Ja, Kurse sind nett, das Problem ist aber, dass jeder Online-Kurs erst mal erstellt werden muss. Das bedeutet unzählige Stunden Arbeit für die Vorbereitung der Inhalte und Aufsetzen der Technik, zusätzlich dann noch der Launch und ggf. Betreuung. Da musst du ganz schön in Vorleistung gehen und weißt nicht, ob du die investierten Stunden am Ende bezahlt bekommst. Schließlich kannst du diese ganzen Stunden schlecht 1:1 auf den ersten Käufer umlegen.

Mein Tipp? Fang kleiner an: Masterclasses und Workshops eignen sich toll, um erste Erfahrungen vor Gruppen zu sammeln. Für die gleiche Vorbereitungszeit betreust du eine Gruppe an Menschen.

Hier investierst du vielleicht eineinhalb umsatzgenerierende Stunden für den Workshop selbst und zehn Stunden Vor- und Nachbearbeitungszeit, kannst aber den acht Teilnehmenden entspannt 100 bis 150 Euro in Rechnung stellen. Das ergibt 1.200 Euro Umsatz. Wenn du den Workshop nicht nur einmal anbietest, sondern in einem Jahr mit einem kleinen Update erneut gibst oder nach dem Live-Termin noch die Aufnahme verkaufst, dann werden die 10 Stunden für die Vorbereitung wirklich lukrativ.

Außerdem lernst du gerade am Anfang deine Zielgruppe in solchen Veranstaltungen noch mal viel besser kennen. Welche Fragen stellen sie? Welches Vorwissen besteht, welches nicht? Was sind die Herausforderungen, vor denen sie stehen? Wie setzen sie um, was du ihnen beibringst? Diese Erfahrungen werden dir sehr dabei helfen, deine Zielgruppe besser zu verstehen und dann auch bessere Produkte für ihre Bedürfnisse zu erstellen.

Je komplexer dein Produktportfolio wird, desto komplexer werden auch die Gedanken, die du dir zu der Bepreisung deiner Angebote machen musst. Es kann nämlich zum Beispiel sinnvoll sein, ein Mini-Produkt unter seinem Wert anzubieten, um die Hemmschwelle der Käufer*innen zu senken und sie in deine Welt zu holen, wenn das ihre Bereitschaft erhöht, im Anschluss dein Gruppenprogramm oder dein 1:1 zu kaufen.

Für diese Überlegungen brauchst du aber mehr als ein Produkt und im besten Fall eine ganze Produkttreppe inkl. Preisstrategie. Solange du nur ein 1:1 anbietest, solltest du bei der einfachen Rechenweise bleiben und deine Produkte entsprechend bepreisen.

Bevor du diese Zahl jetzt aber blind übernimmst, schau erst mal, wie viele umsatzgenerierende Stunden für dich realisierbar sind und wie hoch du diese dann bepreisen musst, um auf den von dir benötigten und gewünschten Umsatz zu kommen.

Die Kunst, sich nicht ablenken zu lassen

„Julia, wann hast du eigentlich mit deinem Podcast angefangen? Also, wie lange warst du da schon selbstständig?“ fragte meine Kundin Vanessa mich in einer unserer Sessions. „Also, ich habe im Februar gegründet und im September ging mein Podcast live. Warum?“, lautete meine Antwort. „Ich überlege auch, einen Podcast zu starten oder einen Blog, zumindest irgendwas, das ich auf Pinterest posten kann und dann eine neue Traffic-Quelle für meine Website wird.“ Ich liebe es ja wirklich, ambitionierte Kund*innen zu haben, und ich finde Vanessas Plan genial. Trotzdem musste ich an der Stelle die Spielverderberin spielen: „Tolle Idee, Vanessa, aber ich rate dir dazu, erst mal mit den Basics zu starten: Positionierung, Zielgruppenanalyse, Community-Aufbau, Produkterstellung und Verkaufen. Und wenn das läuft, dann würde ich damit starten, deine Reichweite auszubauen und andere Kanäle dazu nehmen. Du verzettelst dich sonst ganz schnell und kommst vor lauter Projekten nicht zum Geldverdienen.“

Das ist eins der größten Probleme, die ganz viele Selbstständige und Unternehmer*innen haben: Sie verzetteln sich. Sie sehen hier einen neuen Trend, auf den sie aufhüpfen wollen. Sie fangen an, an einem Online-Kurs zu arbeiten, der dann ewig liegen bleibt, weil der Trend doch wieder mehr zu Masterclasses tendiert. Dann wird ein Podcast gestartet und in Blogposts zusammengefasst. Neben der ganzen Arbeit an den neuen Kanälen bleibt dann leider der Instagram Account liegen und es erscheint über Wochen kein neuer Content. Das kann man natürlich mal easy überbrücken, wenn man ein wirklich wichtiges und großes Projekt vor sich hat. Aber wenn du gerade noch im Business-Aufbau bist, sich deine Community noch nicht gefestigt hat und du eigentlich erstmal Geld in die Kasse bekommen möchtest oder musst, dann können solche Projekte dir den unternehmerischen Hals brechen oder dich an deine Belastungsgrenze treiben.

Überleg dir also bei allen neuen Projekten, Ideen und Trends: Führt mich das gerade zu meinen nächsten Kund*innen? Wenn nein: Führt mich das in sechs Monaten zu meinen nächsten Kund*innen?

Wenn du die Frage mit ja oder vielleicht beantworten kannst, dann pack die Idee in deinen Projektplan, und sobald du Kapazitäten frei hast, planst du zwei bis drei Stunden pro Woche dafür ein. Es muss nämlich nicht immer alles jetzt und sofort aus dem Boden gestampft werden. Du kannst auch ein paar Wochen warten, schauen, was aus dem Trend geworden ist, mit anderen darü ber sprechen und dir ihre Erfahrung zu Workload und Ergebnis abholen. Wenn du von deiner Idee dann immer noch begeistert bist, dann überlege dir, welche Priorität dieses Projekt für einen kurz-, mittel- und langfristigen Erfolg hat und wann du Zeit hast, um es anzugehen, ohne dass es deinen bereits begonnenen Projekten in die Quere kommt.

Und wo wir gerade schon bei Ablenkungen sind: Push-Nachrichten auszustellen und feste Zeiten für Marketing und Marktrecherche zu haben (aka Instagram-Postings und Scrolling) ist der wahre Flex in deinem Business.

Dieses ewige Gescrolle, Gechatte und planlose Gelike während deines Arbeitstags bringt dich absolut nirgends hin. Und nein: Es geht auch nicht als Community-Aufbau durch, höchstens als Prokrastination. Natürlich darf und soll Instagram dir Spaß machen und dich persönlich unterhalten. Es ist auch wichtig, Trends zu spotten, um sie dann für den eigenen Account zu nutzen, aber nicht auf Kosten der To-dos, die dein Business gerade wirklich nach vorne bringen würden.

Mir und meinen Kund*innen hilft es extrem, uns feste Zeiten für Instagram zu setzen. Einmal Zeiten, in denen beispielsweise Reels-Trends recherchiert werden (die letzten fünfzehn Minuten vor der Mittagspause), Content erstellt wird (jeden Freitag) oder Kommentare und Nachrichten beantwortet und geschrieben werden (dreimal am Tag fünfzehn Minuten).

Das klingt im ersten Monat total getaktet und nicht danach, als würde es Spaß machen. Keine Angst, ich zwinge dich nicht, es genauso zu machen. Ich kann dir nur sagen, dass viele meiner Kund*innen durch diese Begrenzung ihrer Instagram-Zeit viel konzentrierter an ihren wirklichen Projekten arbeiten, sie über den Tag mehr geschafft bekommen und das Gefühl von: „Jetzt bin ich wieder stundenlang versackt und hab nichts geschafft! “ verschwunden ist.

Lass dich nicht von den wichtigen Dingen in deinem Business ablenken, weil du das Gefühl hast, auf Instagram, Facebook, TikTok und dem Rest der Welt etwas zu verpassen. Tust du nicht, versprochen!

Bei allen anderen sieht es immer so leicht aus

„Ich bemühe mich so sehr, ich habe so viele Weiterbildungen gemacht und so viel ausprobiert. Aber es funktioniert einfach nicht. Bei allen anderen sieht es so leicht aus." Ich könnte jedes Mal heulen, wenn ich diesen letzten Satz höre. Darin stecken so viel Druck und Versagensängste und so viele Selbstzweifel. Ich hasse es so sehr, dass ich ihn in letzter Zeit eher mehr als weniger höre.

In der Coaching-Bubble auf Instagram wird uns ständig vor allem eines suggeriert: Alle anderen verkaufen flowy, mit der Hilfe von Manifestation oder richtig guten Strategien, die Kund*innen rennen allen anderen ständig die Türen ein und je mehr Geld die einzelnen Coaches machen, desto weniger arbeiten sie.

Da wollen wir doch alle hin. Auf Instagram ist nie jemand gestresst, selten jemand überfordert und sowieso wollte noch niemand alles hinschmeißen. Wenn doch, dann wird es als großes Happening inszeniert und eine Held*innenreise draus gemacht, die ihres Gleichen sucht.

Bei diesen ganzen erfolgreichen Coaches, die mit Zahlen jonglieren, an die Normalsterbliche nicht mal denken und die sich eine Luxushandtasche nach der nächsten kaufen und dich in ihren sündhaft teuren Urlaub auf die Malediven mitnehmen, wird gerne vergessen zu erwähnen, dass es sich immer noch um richtige Unternehmen handelt, die da gegründet werden. Unternehmen, die Buchhaltung machen müssen, in denen das Finanzamt Geld erwartet und bei denen es auch nicht immer rosig läuft. Das zeigen sie aber natürlich nicht. Denn wer kauft denn Probleme? Niemand! Wir wollen Lösungen. Menschen, die da sind, wo wir hinwollen. Wir wollen das perfekte Leben und dahin, wo sie schon sind.

Normale Menschen mit normalen Problemen gibt es nicht. So scheint es zumindest. Viel wahrer ist allerdings: Normale Menschen mit normalen Problemen will niemand sehen. Und weil es niemand sehen will, wird es auch nicht ausgespielt. Aber diese flowigen Verkäufe, die Urlaube am Strand, die Elopage-Benachrichtigungen, die Umsatzberichte – die werden geklickt und gelesen und dementsprechend auch weiter ausgespielt. Je mehr du mit solchen Accounts interagierst, desto mehr werden diese Accounts dir angezeigt. Und dann beginnst du, Coaches zu folgen, die von Coachin 1 verlinkt worden sind und sie macht genau das gleiche Marketing und zeigt ihre unglaublichen Erfolge am laufenden Band und du denkst: Noch eine, die so einen Erfolg hat. Und ich habe heute wieder keine einzige Verkaufsbenachrichtigung bekommen.

Am meisten ärgert mich, dass die Zielgruppe für solche Coachings, Rituale und Programme keine gestandenen Frauen sind. Nein. Diese Programme wenden sich an Menschen, insbesondere Frauen, die sowieso schon destabilisiert sind, wenig Selbstwert und Vertrauen haben und auf der Suche nach einem Halt und einer Richtung im Leben und Business sind. Frischgebackene Business-Starter sind da ein gefundenes Fressen. Aus ihrem (Arbeits-)umfeld gerissen, unsicher, wie es weitergehen soll und mit dem Druck im Nacken, schnell Umsätze zu machen, halten sie sich an jedem Strohhalm fest. Die Zielgruppe wird als „feinfühlig", „achtsam" oder „mindful" bezeichnet und meint im Grunde: introvertierte Frauen mit Angst vor Sichtbarkeit und der Tendenz zur Prokrastination. Manifestation als Lösung für alle Probleme zu verkaufen, ist für diese Zielgruppe der wahr gewordene Traum. Die Marktanalyse dieser Coaches ist auf jeden Fall geglückt.

Übrigens sind auch alle anderen Maßnahmen dieser Coaches weit davon entfernt, intuitiv und flowy zu sein oder nur aus Manifestation zu bestehen. Entgegen dem, was gelehrt wird, nutzen sie handfeste Marketing- und Verkaufsstrategien, sind auf unzähligen Kanälen 24/7 aktiv und sichtbar und präsentieren sich als nie arbeitende Godesses, die vom Universum geführt werden. Da springt mein Bullshit-Detektor aber sowas von an!

Oft sind es ja auch gar nicht die ganz großen Coaches, deren Erfolge einen am meisten beschäftigen. Oft sind es die, mit denen du gemeinsam gestartet bist. Die, die noch vor ein paar Monaten die gleichen Probleme hatten. Die, die vor kurzem noch nach dem Wundermittel gesucht haben. Lass dich davon nicht täuschen und lass dich nicht davon runterziehen, dass jemand, der zum gleichen Zeitpunkt, wie du begonnen hat, plötzlich erste Erfolge feiert. Diese Coachin macht das nicht, um dich zu ärgern. Sie hat vielleicht auch gestrugglet und gekämpft und viel Geld für Weiterbildungen ausgegeben, um dann endlich ein Produkt zu entwickeln, worauf ihre Zielgruppe abfährt. Sie war vielleicht auch kurz davor, aufzugeben, und fasst gerade wieder Hoffnung. Vielleicht ist das, was du da gerade siehst, ihr erster Erfolg und erster Umsatz seit Monaten. Du kannst nicht hinter die Fassade gucken.

Weißt du, was da helfen kann? Erst mal allen Accounts entfolgen, die dich stressen und dir das Gefühl geben, dass du nicht schnell genug vorankommst.

Es mag sich erstmal kleinlich und neidisch anhören und so, als würde man aus Rache nicht mehr mitspielen, aber darum geht es nicht. Es geht darum, die eigene mentale Gesundheit zu schützen und dir den Druck, der durch diese Accounts entsteht, zu nehmen. Ich verspreche dir: Du verpasst nichts, wenn du diesen Accounts nicht mehr folgst. Im Gegenteil. Du wirst

plötzlich mehr Zeit, mehr eigene Ideen und mehr Kreativität haben, wenn du damit aufhörst den ganzen Tag um die Erfolge der anderen und gleichzeitig um deine eigenen – vermeintlichen – Misserfolge zu kreisen.
Es ist nicht deine Schuld. Diese Coaches ziehen ihr Marketing so auf, weil sie wissen, dass es geklickt wird, und je mehr es geklickt wird, desto größer werden die Reichweiten. Und je größer die Reichweiten, desto verzweifelter werden diejenigen, die dieses Leben so gerne möchten, aber nicht vorwärts kommen. Und wer verzweifelt ist, neigt zu verzweifelten Taten und entscheidet sich für ein Coaching zum fünfstelligen Preis.

In solchen Situationen kann es helfen, mal deine Perspektive zu wechseln und statt zu schauen, wo du gerade noch nicht stehst, dich darauf zu konzentrieren, was du in den vergangenen Wochen und Monaten geschafft hast. Und das ist ganz sicher einiges. Wie oft hast du dich nach draußen gewagt und etwas gepostet? Wie viele neuen Menschen sind in deine Community gekommen? Wie viel intensiver ist der Austausch in deiner Community geworden? Gab es Anfragen zu deinem Thema oder deinen Angeboten? Es muss nicht immer der Verkauf des großen 1:1 sein, der dir zeigt, dass du erfolgreich bist. Es ist jeder kleine Schritt in die richtige Richtung. Es ist dein Erfolg.

Aber das hört sich natürlich weniger cool an als „In zwölf Wochen zum sechsstelligen Business“ und lässt sich leider auch schlechter verkaufen.

Spiritualität, das Universum und Manifestation

...

Ich würde mich selbst als spirituell bezeichnen. Ich glaube daran, dass man Dinge manifestieren kann und ich war auch schon bei mehreren Reiki-Sessions und habe danach wirklich eine Veränderung in meinem Körper und meinem Verhalten bemerkt. Ich bin mit einigen Theta-Healerinnen befreundet, und auch wenn Theta-Healing für mich Spiritualität in einem Franchise-System ist, habe ich damit schon verrückte Dinge erlebt. Viele Dinge davon kann ich nicht erklären, muss ich aber auch nicht.

Fakt ist: Ich spreche über meine eigene Spiritualität nicht in meiner Story, meinem Newsletter oder sonst wo. Zum einen, weil es mich in einer Schublade mit den spirituellen Leadern, Priestesses und Goddesses steckt, die durch das Internet schwirren und mit denen ich mich nicht identifiziere. Zum anderen, um nicht die Tore für eine bestimmte Art von Zielgruppe zu öffnen, mit der ich nicht (mehr) zusammenarbeiten möchte: den spirituellen Life-Coaches.

Ich weiß, man kann sie nicht alle über einen Kamm scheren, aber in den vergangenen zwei Jahren meiner Selbstständigkeit habe ich so meine Erfahrungen mit dieser Art von Coaches gemacht, die anstrengend und frustrierend für mich und nicht hilfreich für meine Kund*innen aus dieser Sparte war.

Ganz zu Beginn meiner Selbstständigkeit hatte ich eine Kundin namens Amy. Amy hatte bereits um die tausend Follower, erstellte regelmäßig Content für ihren Feed und wollte nun mit Tanztherapie auf ihrem Account durchstarten. Leider zeigte sie bis zu dem Zeitpunkt nichts von ihrer Arbeit, sondern teilte meistens Zitate und Dinge aus ihrem Leben. Also begannen wir damit, eine Content-Strategie zu entwickeln und mehr Tanz- und Tanztherapie-Content zu teilen.

Es funktionierte: Ihre Community wurde langsam aber sicher warm. Sie bekam erste Kommentare und Nachrichten und auch die ein oder andere Anfrage war dabei. Es war Zeit für ihr erstes Angebot. Wir erarbeiteten einen Workshop zusammen, erstellten einen Launchplan und dann: NICHTS.

Ich sah nichts von dem erarbeiteten Content, keine Stories, keine Posts, Funkstille. In unserer nächsten Session sprach ich sie darauf an, fragte sie, warum sie ihren Launch nicht gestartet hatte und ihre Antwort war: „ Ich fühle es einfach nicht." Ich war kurz perplex. „Was genau fühlst du nicht? Das Angebot oder den geplanten Launch?" – „ Nichts von beidem." – „Aha, und wie möchtest du stattdessen vorgehen?" – „Ich möchte auf ein Zeichen vom Universums warten." B Ä M .

Ausgeknockt. Was will man darauf noch sagen? Ich war kurz sprachlos.

Natürlich bekam ich die Kurve und wir arbeiteten ein neues Angebot aus, von dem sie (erneut) total begeistert war. Doch auch das Angebot erblickte nie das Licht der Welt. Begründung: Sie fühlte es nicht.

Heute weiß ich, dass Amy prokrastinierte und Ausreden in ihrer Spiritualität dafür fand, nicht mit ihren Angeboten rauszugehen. Warum ich das weiß? Weil Amy nicht die Einzige war, die dem Universum die Verantwortung über ihr Leben gab und große Zeichen erwartete, um mit einem Angebot rauszugehen. Ich erlebte diese Begründungen bei einigen Kundinnen, immer wieder und wieder.
Und immer waren es spirituelle Coaches, die lieber mit dem Flow gingen, manifestierten und schlechte Energien spürten, wenn es um Entscheidungen in ihrem Business ging.

Zeichen wie: Kundenanfragen, eine begeisterte Community, eine gute Strategie und positive Marktforschungsergebnisse reichten da nicht aus.

I know, wir alle haben Selbstzweifel, und fast jede Unternehmerin hat schon mal einen Rückzieher gemacht, auf ihr Bauchgefühl vertraut oder hatte einen Blitzeinfall, der später richtig Kohle gebracht hat.

Der Unterschied zu den sehr spirituellen Coachees ist, wo sie die Verantwortung für diese Ereignisse sehen. Bei Selbstzweifeln, Bauchgefühlen und Blitzeinfällen liegt die Verantwortung bei uns selbst. Nennen wir diese Dinge aber Zeichen vom Universum, Download und was weiß ich nicht was, dann geben wir die Verantwortung für unsere Entscheidungen ab. Und da liegt für mich das Problem.

Natürlich habe und hatte ich auch Kundinnen, die mit Selbstzweifeln kämpften und nicht spirituell waren. Der Unterschied zu Amy? Man konnte ihre Verhaltensweisen adressieren. Darüber sprechen. Eine Lösung dafür finden. Aber wer nicht in der Verantwortung ist, kann nichts ändern, sondern nur warten. Und so warten viele Business- Starter*innen. Manchmal jahrelang.

Amy begann irgendwann, eine Theta-Healing-Ausbildung ihres Ausbilders zu bewerben, dann bot sie kurzzeitig selbst Theta-Healing an. Danach verschwand sie wieder von der Bildfläche und was sie heute macht, weiß ich nicht. Sie bewirbt ihre Tanztherapie jedenfalls nicht auf Instagram.

Eine andere Kundin aus meinen Anfangszeiten war spirituelle Coach und bot unter anderem Kurse zur Manifestation an. Ich bin ja die Königin des Visionboard-Bastelns und ich bin mir sicher, dass es nur hilfreich ist, sich die eigenen Ziele, so gut es geht, zu verbildlichen und jeden Tag vor Augen zu führen. So weiß man, worauf man hinarbeitet, die Motivation wird hoch gehalten und man ist sich bewusst, wofür man Entscheidungen trifft und wofür nicht. Und es ist wirklich erstaunlich, was man am Ende des Jahres von seinem Visionboard wirklich wahr gemacht hat. Ich bin wirklich jedes Jahr wieder erstaunt. Ist so eine Bildcollage denn etwas anderes als Manifestation?

Für meine Kundin leider schon, denn sie manifestierte die Zukunft ihres Business zwar täglich, auch mehrmals, wartete den restlichen Tag aber darauf, dass das Universum lieferte. Und das tat es leider nicht. Ihr Manifestations-Kurs blieb leer. (Diese Ironie macht mich wirklich fertig, aber es war genau so.) Das wunderte mich ehrlich gesagt nicht. Sie hatte ihr Angebot nur ein einziges Mal in der Story erwähnt und dann darauf hinmanifestiert, dass die richtigen Menschen sie finden würden.

Und da liegt der Knackpunkt: Du kannst dir deine Träume und Erfolge noch so lebhaft ausmalen, du kannst noch so sehr an dich und dein Business glauben und in noch so einer guten Verbindung zum Universum stehen. Den ein oder anderen Schritt auf dein Ziel zu musst du trotzdem selbst gehen. Um es mit den Worten meiner Coach Melanie Aubert zu sagen: „You have to go first and the universe will follow." Oder so wie ich sagen würde: Selbst ist die Frau.

Meine Methode bedeutet nur leider sehr viel mehr Arbeit, Bewegung aus der Komfortzone und ein tatsächliches über sich Hinauswachsen. Das ist unangenehmer, als sich zuhause einzuigeln und sich das Wachstum einfach nur bildlich vorzustellen. Aber es funktioniert. Zumindest gut genug, um gerade in einem Café in Kolumbien an einem Buch arbeiten zu können.

Aber warum glauben so viele daran, dass sie mit Manifestation alleine ein Business aufbauen können? Weil es da draußen Coaches gibt, die dieses System verkaufen. Diese Methode der Manifestation als Grundlage für ein erfolgreiches Business und ein glückliches Leben zu verkaufen, ist im Grunde eine geniale Idee und deutlich einfacher, als den eigenen Kundinnen richtige Strategien an die Hand zu geben.

Strategien können versagen oder müssen individuell angepasst werden. Manifestation nicht. Manifestation kann man an einer riesigen Masse an Menschen lehren und wenn die Kundinnen ihre Ziele dann doch nicht erreichen, dann lag es nicht daran, dass die Strategie schlecht war oder Manifestation allein nichts bringt, sondern daran, dass die Manifestierende nicht fest genug an ihren Traum geglaubt, ihn sich nicht detail-

liert genug vorgestellt hat. Wie einfach kann man sich ein Business eigentlich machen?
Man verkauft den Menschen eine Anleitung zur Nutzung der eigenen Vorstellungskraft, und wenn die Vorstellungskraft nicht ausreicht, um Bäume zu versetzen, dann sind sie selbst Schuld. Die einzige Rettung: der nächste Manifestations-Kurs.

Alternativ kann man ihnen natürlich noch einreden, etwas wäre mit ihnen nicht in Ordnung, sie hätten eine Blockade oder müssten geheilt werden – und schwupps, hat man die nächste Kundin für das nächste überteuerte Ritual gewonnen. Ich bin begeistert. Beim Thema Heilung steige ich übrigens völlig aus. Du kannst ein aufgeschlagenes Knie, eine Erkältung und einen ausgekugelten Daumen heilen. Also, vielleicht nicht du, aber ein Arzt. Aber fehlende Manifestationskraft ist, soweit ich weiß, nicht heilbar. Vor allem nicht mit einer Online-Healing-Session. Trotzdem verdienen einige Menschen ihr Geld damit.

Das Gefährliche ist: Diese Pseudo-Spiritualität wirkt mittlerweile in so viele Lebensbereiche hinein und grenzt so viele Menschen von ihrem bisherigen Umfeld ab, dass es zu einer Identität geworden ist, spirituell zu sein. Und eine Identität kann man nur schwer ablegen.
Je weiter man in dem Sumpf versinkt, desto schwerer wird es,

zurückzukommen und zuzugeben, dass der Weg, auf dem man gewandelt ist, und das Geld, dass man für Gurus und Heiler*innen ausgegeben hat, verbrannt ist. Es ist so viel einfacher, den Weg weiterzugehen, die nächste Priestess zu buchen und zu hoffen, dass man bald so vollständig geheilt ist, dass das Universum es endlich gut meint und dir zutraut, die Massen an Geld zu halten.

Wenn du aber ins Tun kommst, die Arbeit machst, die es für ein nachhaltiges, selbstbestimmtes und erfolgreiches Business braucht, kannst du einiges erreichen. Du könntest zum Beispiel, wie ich, um die Welt reisen und an den schönsten Orten der Welt arbeiten.

Realitätscheck: Digitales Nomadentum

Ja, ich bin digitale Nomadin, und ja, ich liebe es. Im Jahr 2022 war ich innerhalb von zehn Monaten in zwölf Ländern. Ich bin auf Yucatan geschnorchelt, habe Vulkane in Guatemala bestiegen, bin in einem Vulkansee in El Salvador geschwommen, wurde an der Grenze von Honduras nach Nicaragua festgehalten und vom Grenzschutz befragt und habe mir einen Daumen auf Ometepe ausgekugelt. Ich bin mit einem Gips durch Costa Rica gereist und habe in einem Hotel in Panama City den schönsten Sonnenuntergang vor einer Skyline bewundert. Die Dominikanische Republik hat mich mit ihren traumhaften Stränden und den freundlichsten Menschen überrascht und Kolumbien wird für mich für immer das Land des Salsas sein. Ich werde nie die Freundlichkeit der Menschen in Brasilien vergessen und die Busfahrt zu den Iguazu-Fällen, die sieben Stunden länger dauerte als geplant. Ich werde noch in zwanzig Jahren über die drei Tage bei vierzig Grad in Paraguay lachen und meinen Enkeln von dem Tag erzählen, als Argentinien die Weltmeisterschaft gewann und ich mit fünf Millionen Menschen am Obelisken in Buenos Aires feierte.

Ich habe Menschen aus den unterschiedlichsten Ländern, ökonomischen Verhältnissen und Bildungsschichten getroffen. Ich habe mich auf Englisch, Spanisch, in schlechtem Portugiesisch und nur ganz selten auf Deutsch unterhalten. Ich habe die unterschiedlichsten Stereotypen, Vorurteile und Klischees über jedes mittel- und südamerikanische Land und auch jede*r Reisende*n auf diesem Planeten gehört und am Ende festgestellt, dass manche zutreffen, manche aber auch absolut gar nicht. Jeder Mensch ist anders und genauso wenig, wie man alle Deutschen über einen Kamm scheren kann, kann man das mit den Bewohnern irgendeines anderen Landes tun.

Ich habe in Apartments, in Betten, in Cafés, in Booten, auf Fähren und im Flugzeug an meinem Business gearbeitet. Habe Calls an den komischsten Orten geführt und gemerkt, dass ich deutlich flexibler bin, als ich jemals dachte.

Ich bin sehr viel allein gereist, habe aber immer tolle Menschen kennengelernt. Habe mich mit Freund*innen getroffen, einer Gruppe angeschlossen, bin alleine weitergereist und habe dann eine Travel-Partnerin in Crime gefunden, mit der ich seit Monaten Südamerika unsicher mache.

Ich bin geflogen, Zug und unglaublich viel Uber gefahren und habe meine Liebe zu Langstreckenbussen entdeckt.

Ich bin morgens um viertel vor vier aufgestanden, um Co-Workings und Coaching-Sessions zu leiten, habe gefühlt hundertmal die Zeitzone gewechselt und dann für mich festgestellt, dass Asien als langfristiges Reiseziel wahrscheinlich nicht zu meinem Early Bird Modus passt.

Ich habe unzählige Internetausfälle, Stromausfälle und Duschen ohne oder mit sehr kaltem Wasser erlebt.

Ich hatte eine heftige Lebensmittelvergiftung und drei kleinere Unverträglichkeiten, war in Nicaragua wegen meines Daumens in der Notaufnahme und habe eine Freundin in drei Kliniken begleitet, damit sie sich in der dritten, während eines Brasilienspiels eine Gelbfieberimpfung abholen konnte.

Ich habe mich nur einmal wirklich unsicher gefühlt: In Nicaragua bei Tag, als mir ein Betrunkener auf seiner Rikscha gefolgt ist. Hätte auch in Deutschland passieren können, bis auf die Rikscha wahrscheinlich. Dass mir ein Mann aus der Patsche geholfen und den Betrunkenen verjagt hat, genauso.

Mir wurde (TOI, TOI, TOI) nie etwas geklaut, ich wurde nie überfallen oder über Catcalling hinaus belästigt. Catcalling war aber besonders in Zentralamerika ein täglicher Begleiter.

In manchen Wochen und Monaten habe ich wöchentlich meine Unterkunft gewechselt, manchmal sogar alle drei bis vier Tagen und dann gab es Medellín, wo ich fast drei Monate hängen blieb und nur für einen Wochenendausflug die Stadt verließ.

Ich war oft müde, genervt von hässlichen Airbnbs, unzuverlässigen Internetverbindungen und stressigen Reisetagen. Mit manchen Städten wurde ich einfach nicht warum und in anderen wäre ich am liebsten für immer geblieben, hatte aber keine Ruhe, um meinen Aufenhalt zu verlängern. Zu viel wartete noch auf mich.

Manchmal fühlte ich mich einsam und manchmal wünschte ich mir nichts mehr, als endlich mal wieder allein zu sein. Ein Tag, in einem abgedunkelten Zimmer, nur Netflix und ich und keine Außenreize. Der Traum eines jeden Dauerreisenden.

Es gab Tage voller Heimweh und Vermissung und es gab Tage, da wollte ich nie mehr zurück nach Deutschland.

Nach all dieser Zeit denke ich manchmal immer noch, dass ich bei meiner Rückkehr nach Deutschland zurück in meine alte Wohnung gehe. Meinen Rucksack in meinem Schlafzimmer auspacke, meine Kleidung in meiner Waschmaschine wasche und mich in mein Bett lege, um den Jetlag auszuschlafen.

Dass es diese Wohnung nicht mehr gibt, mein Bett verkauft und meine Waschmaschine auf dem Müll gelandet ist, vergesse ich dann für einen kleinen Moment und es versetzt mir einen Stich, dass nach all diesen Abenteuern kein Zuhause mehr auf mich wartet. Dieser Gedanke macht mich traurig und gibt mir gleichermaßen ein Gefühl der Leichtigkeit. Manchmal vermisse ich meinen Rückzugsort, mein Zuhause, mein Nest, das nur mir gehört. Aber die Leichtigkeit, die ich fühle, wenn ich nur mit einem Rucksack durch die Welt reise und weiß, dass nur ein kleiner Abstellraum mit meinen Lieblingsdingen auf mich wartet, ganz ohne unnötige Dinge, die ich sowieso nie genutzt habe, gibt mir das ein ganz neues Gefühl von Freiheit und Leichtigkeit.

Dieses vergangene Jahr, diese Erlebnisse, dieses Leben kann mir niemand mehr nehmen. Jede Reise in jedes Land war ein absolutes Abenteuer und mein Herz ist mehr als voll, wenn ich daran denke.

Der Start einer Reise

Ein Business zu starten, ist dem Reisen gar nicht so unähnlich. Zu Beginn hast du ein festes Start-Datum, zu dem du losfliegen möchtest. Du packst dafür, bereitest alles vor, holst Infos ein, freust dich wie Bolle und dann geht es los: Endlich in einem neuen Land, eine fremde Kultur, blaues Wasser, weißer Sandstrand – du bist im Paradies.

Aber das ist nur der erste Stopp: Nach ein paar Tagen willst du mehr von dem Land sehen, mehr ausprobieren, mehr kennenlernen und das ultimative Abenteuer erleben. Einige Stopps hast du dir schon Zuhause auf die Liste geschrieben, einige andere sind durch Gespräche mit anderen plötzlich auf die Liste gehüpft.

Auf der Reise landest du in tollen Hotels und in weniger coolen Hostels, du triffst auf richtig tolle Leute, landest auf einer viel zu lauten Ballermann Party, in einer geheimen Bucht und an Stränden voller Seegras. Manche Orte gefallen dir, du würdest am liebsten bleiben. Oft hast du Angst, etwas zu verpassen und reist übereilt weiter, und von wieder anderen Orten willst du so schnell wie möglich weg.

Was am Anfang noch ein riesiges Abenteuer ist, ist ziemlich

bald Alltag. Bus fahren im Ausland? Kein Problem! Ein veganes Restaurant im Nirgendwo finden? Easy! Ständig mit neuen Sprachen und Dialekten kommunizieren müssen? Daily life.

Nach einer Weile bringen dich nur noch wirkliche Notfälle aus der Ruhe: Wenn du dir den Daumen im Dschungel einer nicaraguanischen Insel auskugelst zum Beispiel. Oder wenn deine Kreditkarte bei der Einreise nach Brasilien komplett gesperrt wird und du eine neue bestellen musst.

Die Selbstständigkeit ist nicht anders. Zu Beginn ist alles ein riesiges Abenteuer, aber das Ticket ist gebucht, die Route steht und die next steps sind klar. Der große Erfolg liegt zum Greifen nahe. Am Anfang ist jedes kleinste To-do aufregend, die neu gewonnene Freizeit wird zelebriert, wie nie zuvor und die/der erste Kund*in lässt dich fühlen, als wärst du die Königin der Welt. Aber so bleibt es natürlich nicht, denn die Business-Reise geht weiter.

Schnell findest du Dinge, die dir gar nicht so viel Spaß machen, wie gedacht (Buchhaltung!), andere dagegen begeistern dich plötzlich und sorgen dafür, dass du von deinem ursprünglichen Plan abweichst. Du erreichst Ziele, die dir einmal erreicht gar nicht mehr so erreichenswert vorkommen, und du verpasst Ziele, auf die du monatelang hingearbeitet hast. Die erste Herausforderung gleicht einem nie gesehenen Kraftakt, der erste Rückschlag einem Weltuntergang, aber nach ungefähr einem Jahr gehören diese Ups und Downs zum Alltag. Da gerätst du nur noch in Panik, wenn plötzlich dein Elopage-Auszahlungskonto gesperrt wird.

Eine erfolgreiche Selbstständigkeit ist kein steiler Weg nach oben, keine Abkürzung zum ultimativen Glück. Eine Selbstständigkeit ist Arbeit, jeden Tag. Wie bei jeder anderen Arbeit auch, wird es Tage geben, da macht es dir Spaß, und dann gibt es Tage, die machen dir keinen Spaß. Beides ist in Ordnung.

Denn auch in einer Welt voller Flow und Happiness steht man mal mit dem falschen Fuß auf und ärgert sich über seine allerliebsten Wunschkund*innen. Lass dir nichts anderes erzählen!

Wenn ich meine Mama als Kind gefragt habe, was denn der beste Job für mich wäre, hat sie immer geantwortet: „Der, der dir am meisten Spaß macht, denn man kann in jedem Job erfolgreich sein, wenn man ihn mit Spaß und Leidenschaft macht.“ Jetzt ist es leider nicht wahr, dass Spaß und Leidenschaft die einzigen Dinge sind, die man braucht, um erfolgreich zu werden, auf keinen Fall. Sonst wäre mein Steineverkaufsstand, den ich mit sieben Jahren vor unserem Haus aufgebaut habe, heute ein Milliardenimperium. Aber ich bin der Meinung, dass dein Business ohne Spaß und Leidenschaft dahinter auf keinen Fall laufen wird. Ein Business – das ist ein ständiges Auf und Ab. Nie läuft es wirklich konstant, selten befindet man sich einfach nur in ruhigen Fahrwassern, zumindest in der Aufbauzeit. Da muss es etwas geben, das dich antreibt, ein Ziel, ein Warum, eine Leidenschaft für dein Thema und auf jeden Fall Spaß an den täglichen kleinen, nervigen Aufgaben. Dieses Ziel, dieses Warum, diese Leidenschaft tragen dich durch die Zeiten, in denen du keine Lust mehr hast, alles hinschmeißen willst und vielleicht sogar schon nach neuen Stellenangeboten guckst.

Bevor du also gründest: Finde diese Leidenschaft, finde dein Warum, finde den Grund, um morgens aufzustehen, auch wenn es gerade gar keinen Spaß macht – und dann los!

HAPPY SALES – erfolgreich & authentisch verkaufen

Die 16-wöchige Group Experience für das, was dein Business am Laufen hält: VERKAUFEN!

HAPPY SALES ist ein Gruppenprogramm für Online-Coaches und Dienstleisterinnen, die ihren Fokus sechzehn Wochen lang aufs Verkaufen legen und endlich Verkaufserfolge feiern wollen. Du lernst Schritt für Schritt alles, was zum Verkaufen dazugehört: Von der Positionierung deines Angebots über den Community-Aufbau bis zur Verkaufspsychologie. Denn Verkaufen sieht zwar einfach aus, ist aber weit komplexer, als die meisten denken. Dabei steht die Group-Experience im Mittelpunkt: Raus aus dem Einzelkämpfertum, rein in die Community von Business Ladies, die für die gemeinsamen sechzehn Wochen den gleichen Fokus haben: SALES, SALES, SALES!

Und weil in so einer Zeit der Austausch mit und die Unterstützung von Gleichgesinnten soooo wichtig sind, besteht HAPPY SALES nicht nur aus Frontalunterricht und Wissensvermittlung, sondern auch aus Mastermind-Sessions, in denen wir gemeinsam schauen, was bei dir gut läuft, was funktioniert

und woran noch gefeilt werden muss.
Du hast Lust zu lernen, wie man authentisch und erfolgreich verkauft, ganz ohne Kaltakquise, Spiri-Manifestationsgeschwafel und toxisches Marketing?

Dann sichere dir jetzt einen Platz für die nächste HAPPY SALES Runde!

www.juliamüller.de/happysales

Schreib mir …

Hey, nachdem du ein ganzes Buch über mich, meine Erfahrungen und meine Arbeitsweise gelesen hast und mich nun ziemlich gut kennst, würde ich mich freuen, etwas von dir, deinem Leben, deinen Träumen und vielleicht sogar deinen Plänen für ein eigenes freies, selbstbestimmtes und erfolgreiches Business zu erfahren.

Schreib mir gerne unter *hey@julia-mueller-coaching.de* oder folge mir, meiner Arbeit und meinen Abenteuern unter *@julia_mueller_mentoring* auf Instagram.

Ich freue mich von dir zu lesen!

Ich möchte mich noch bei ein paar Menschen bedanken …

… allen voran Lisa Holtkamp, Eva Scheuba und Jessica Diehl für ihre mentale Untersützung, Motivation und für die Vorgabe des Schritttempos. Ohne euch hätte ich es nicht durchgezogen. Für mich gibt es wenig Schöneres als Frauen, die sich ohne Voreingenommenheit aus ganzem Herzen unterstützen, obwohl sie sich eigentlich auch als Konkurrenz sehen könnten. Ihr habt mir gezeigt, dass es das wirklich noch gibt. Danke.

Danke an meine Lektorin Svenja Hirsch und an meine Korrektorin Mia von Federrauschen, die meinen Texten den letzten Schliff verpasst haben. Dank euch ist mein Buch lesbar.

Danke an meine Freundin Lena Moroselia, die mit mir rund um dieses Buch Ideen und Strategien gesponnen hat und die immer meine erste Anlaufstelle für verrückte Funnel- und Ads-Ideen ist.

Danke an meine Business Sister und gute Freundin Lena von Marketingmädchen, die sich getraut hat, mir zu sagen, dass dieses Projekt ein Berg von Arbeit, in einem eh schon knappen Zeitplan sein würde und die mich trotzdem unterstützt hat, wo sie konnte.

Und jetzt wird's emotional:

Danke an Madlen & Sebastian – ihr seid die Ruhe in meinem Chaos und zeigt mir mit euren Ladys ganz oft, worauf es wirklich ankommt. Ich hoffe, ich kann für die beiden irgendwann mal so ein Vorbild sein, wie ihr es für mich seid.

Stefan, danke, dass ich mit dir über Amazon, Bücher und Online-Business nerden kann. Danke für deine Unterstützung und danke, dass du meine beiden Lieblingsmenschen von ganzen Herzen liebst.

Anike und Tilda, danke für eure Freundschaft und Liebe. Tilda, du hast mir gezeigt, dass es keine Verwandtschaft, keinen Titel, keine Namen braucht, um eine Familie zu sein. Ich hab dich sehr lieb.

Julia, mit niemandem öpfere ich so gerne wie mit dir. Du zeigst mir immer wieder, wie wahre Lebensfreude aussieht, wie wichtig es ist, dass wir unser eigenes Ding machen und selbstbewusst zu unseren Entscheidungen stehen. Irgendwann will ich mal so gut ignorieren können, wie du.

Sam, even though you will never read this book (unless you finally learn German and travel Europe with me), you deserve to be named here. I've never met such a genuine, bright and loyal soul like you. Thank you for your daily support, keeping up with my moods, organizing my life and travelling the world with me. Twisted sisters for the win! And thank you for keeping up with my flawless English. I know it was insufferable.

Jasmin, keine Freundin habe ich länger. Sechsundzwanzig Jahre mit dir waren eine Achterbahnfahrt, aber auf zwei Dinge konnte ich mich immer verlassen: Deine Freundschaft und deine absolute Ehrlichkeit. Danke, dass du dieses Buch mit zahlreichen Feedbacks zu dem gemacht hast, was es jetzt ist. Auf sechsundzwanzig weitere Jahre.

Mama und Papa, ihr habt mir gezeigt, dass ich alles sein und erreichen kann, was ich möchte. Ihr habt mich selbstbewusst, selbstständig und stark gemacht. Ich weiß, wie schwer es euch fällt, mich immer wieder gehen zu lassen. Würdet ihr es nicht tun, gäbe es dieses Buch heute nicht.

Henry, du bist noch so klein und trotzdem machst du mein Leben schon so viel besser. Danke, dass du mich jeden Tag zum Lachen bringst und mir zeigst, wie süß es sein kann, den eigenen hübschen Kopf durchzusetzen.

Claudia, wo fange ich an, wo höre ich auf? Dich hinter mir zu wissen, erlaubt mir dieses ganze riesige Abenteuer. Vom Burn-out über die Kündigung, die Selbstständigkeit, die Reise und jetzt dieses Buch – nichts wäre ohne dich möglich gewesen. Niemand glaubt so sehr an mich wie du. Niemand steht hinter mir wie du. Danke für deine Freundschaft, deine Motivation, deine Loyalität, dein immer offenes Ohr, meinen Kumpel H. und deinen unerschütterlichen Glauben an mich.

Quellenverzeichnis

[1] Stöger, Johann: „Lebensrad“, in: Coachingtools, hg., von Christopher Rauen, Bonn 2005, S.153 ff. Auch zu finden unter: https://www.coaching-magazin.de/_Resources/Persistent/9/c/8/c/9c8cb70b522737ad1ae602ae52f79bc140fa37a9/coaching-tools-1-
leseprobe-lebensrad.pdf, abgerufen am 01.02.2023.

[2] https://youtu.be/P1GZQDeVqlk, abgerufen am 25.01.2023.

[3] https://www.blog2social.com/de/blog/social-media-nutzer/ abgerufen am 25.01.2023.

[4]https://blog.hootsuite.com/de/social-media-statistiken-fuer-marketer abgerufen am 25.01.2023.

[5] Priyanka, R., „AIDA Marketing Communication Model: Stimulating a purchase decision in the minds of the consumers through a linear progression of steps,“ International Journal of Multidisciplinary Research in Social Management, Vol. 1 , 2013, pp 37-44.

Julia Müller ist Online-Business-Mentorin und zeigt weiblichen Coach*innen, Expert*innen und Dienstleister*innen, wie sie Instagram nutzen können, um sich ein freies, selbstbestimmtes und erfolgreiches Business aufzubauen.

Nach ihrem Burn-out im Jahr 2018 hat sie ihren Corporate Job als Online-Marketing-Managerin in einem großen deutschen Konzern gekündigt und beschlossen, endlich ihr eigenes Ding zu machen.
Das tut sie dort, wo es ihr gerade gefällt, denn seit 2022 bereist sie als digitale Nomadin die Welt.

Weitere Infos zu ihrer Arbeit findest du auf:
www.juliamüller.de.

Mein Traum: Arbeiten, wo andere Urlaub machen. Ganz ohne Chef im Nacken und mit der Möglichkeit, das zu machen, was ich wirklich liebe: über Marketing und Social Media sprechen.

Schon bevor ich 2018 in einem klassischen Konzernjob in ein Burn-out schlitterte, faszinierte mich der Digitale-Nomaden-Lifestyle. Mit der Power von Instagram habe ich mir in den vergangenen beiden Jahren ein freies, selbstbestimmtes und erfolgreiches Online-Business aufgebaut und unterstütze heute Frauen dabei, das gleiche zu tun. Meine Geschichte vom Burn-out zur erfolgreichen Selbstständigen mit der Freiheit, überall auf der Welt zu arbeiten, findest du in diesem Buch.

Ich verrate, wie ich beim Business-Aufbau vorgegangen bin, welche Strategien ich mit meinen Kund*innen verfolge und zeige dir, wie du Content-Marketing für den Aufbau deiner Selbstständigkeit nutzt. In diesem Buch findest du alle Basics, die du für deinen eigenen Online-Business-Aufbau brauchst.

Printed in Poland
by Amazon Fulfillment
Poland Sp. z o.o., Wrocław

19750094R00145